O Dicionário do

Christian Iuri

O Dicionário do Reiki

Christian Iuri

Copyright © de Christian Iuri Lemes da Roza.

Editor-chefe: O Autor

Diagramação e Capa: O Autor

Ilustrações do miolo: O Autor

Revisão: O Autor

DADOS INTERNACIONAIS DE CATALOGAÇÃO NA PUBLICAÇÃO

Iuri, Christian.

O dicionário do reiki / Christian Iuri – Curitiba, 2020.

137 p.

Bibliografia

ISBN 978-65-00-02246-9.

2020

AGRADECIMENTOS

Agradeço primeiramente a Deus, por estar sempre presente em todos os momentos de minha vida, por ter me carregado nos braços quando não tinha mais força para caminhar, e pela concretização do meu maior sonho até o momento, a conclusão deste livro.

Agradeço a minha família o meu porto seguro, por ser constituída por pessoas que me completam com qualidades que se refletem em minhas conquistas e todas as pessoas que nos cercam, com paciência, sensibilidade, amor e carinho. Em especial a duas grandes amigas Jeniffer Solana e Isabela Viscovini, que sem sessar me auxiliaram desde o início das minhas atividades na elaboração desta obra e em tudo que ela desencadeou.

Agradeço ao Precursor do Reiki, Mikao Usui que trouxe esta ferramenta que auxilia tantas pessoas e reverbera a paz cada vez mais eminente no mundo.

Agradeço aos meus orientadores que me formaram direta ou indiretamente dentro do Reiki, seja presencialmente ou a distância, dando conselhos e agregando com o exemplo e suas posturas de trabalho dignificante no Reiki. Fico lisonjeado por acreditarem na minha capacidade, pela paciência comigo, em minhas limitações, e principalmente por serem excelentes educadores.

Agradeço aos companheiros sérios e morais de caminhada dentro do Reiki que pesquisaram e disseminaram com suas obras escritas e/ou experiências vividas na filosofia Reiki como um auxílio para meu aprendizado e dos demais ao nosso redor.

Agradeço aos irmãos que disponibilizaram suas experiências vividas nas atividades de Reiki voluntário, sendo boa parte delas muito íntimas, as quais agregaram no meu conhecimento implícito para meu aprendizado.

Agradeço em especial aos amigos que disponibilizaram seus relatos e experiências enriquecedoras as quais foram compiladas nesta obra.

Agradeço a todos esses pontos de luz que me ajudam e ensinam diariamente nos meus dias, e os companheiros que passaram e continuam me auxiliando na minha vida. Todos me deixam muito feliz por tudo que me ajudaram, desde os amigos e irmãos do Instituto Flor de Lis, do movimento espírita, da minha profissão e no seio fraterno dos meus dias.

Espero que possa honrar seus papéis na minha vida.

Muito obrigado!

SUMÁRIO

APRESENTAÇÃO

"" O Dicionário do Reiki" tem como foco principal auxiliar estudantes iniciantes ou experientes a respeito de todos os possíveis termos diante do Reiki. Sua constituição é formada com intenção de agregar nas diversas interpretações e vias encaradas diante da prática do Reiki, seja mais tradicional ou uma releitura corriqueira dos diversos sistemas de Reiki existentes no mundo contemporâneo.

O Reiki é comumente associado a um conjunto de expressões que poderão causar alguma estranheza a quem as desconhece. Como o tema possui um campo muito abrangente foi necessário posicionar os termos de forma a elucidar seu significado com analogias e contextos aos quais estão empregados. Ou seja, para que um melhor esclarecimento dos detalhes foi utilizado significados etimológicos e figuras das quais as significações estão sendo usadas. Assim sendo, muitos termos aqui enunciados estão para âmbito de esclarecimento, não necessariamente são etimologicamente próprios do Reiki, mas possuem possibilidades de estarem diante de um estudante desavisado.

Já existe muita informação disponível sobre Reiki, mas ao consultar um artigo sobre o tema poderá ser confrontado com um termo que não conhece e pode ter que fazer uma pesquisa mais aprofundada para contextualizar o que acabou de ler.

O desejo de desenvolver esta obra surgiu a um tempo considerável enquanto eu estudava, quanto absorvia conteúdo, mais buscava entender todos os contextos e óticas as quais o Reiki e suas práticas estão inseridas, assim mais difícil se tornava compreender. Ora, se tivesse comigo uma fonte como esta obra certamente teria um processo menos desgastante e sadio de aprendizado.

Cada fonte possuí uma interpretação diferenciada, e não obstante para encontrar uma base segura pode tardar muito, gerando em várias situações seguimentos didáticos equivocados. Ao passo que tive tanta dificuldade encontrada, acabei experimentando na prática este problema, resolvi desenvolver este material para auxiliar todos que buscam conhecer mais sobre a maravilhosa técnica Reiki.

As referências e considerações diante dos diversos tipos e sistemas terapêuticos que se denominam Reiki é para trazer à tona o esclarecimento diante de cada nuance. Motivo pelo qual não tem intuito de disseminar esta prática de desenvolver novos sistemas, mas ao contrário, sana-la aos que criam sistemas por desconhecimento, pois assim a principal essência do Reiki poderá ser assegurada nesta obra. Desenvolvendo uma percepção mais aguçada dos que buscam métodos diversificados, podendo compreender mais facilmente seus objetivos e distinções para com a linha tradicional do Usui Reiki Ryoho.

Com isso, entendemos que entre um tipo de Reiki e outro, a mudança está na técnica usada para aplicar a energia que vem do Universo. Uns modificam as técnicas por crenças e afinidades, outros apenas seguem o que foi ensinado, já modificado ou não.

Se tem uma cultura com conhecimento do Reiki, e não possuí uma certa convivência com determinadas filosofias panteístas, técnicas energéticas e afins, existe a possibilidade de que misturem práticas do Reiki com suas práticas herdadas por gerações anteriores. Seguindo assim, poderá haver criação de novas modalidades de Reiki.

Como há grande quantidade de significados, foi estabelecido um padrão para facilitar o acesso, se optou por dividir os termos em ordem alfabética. Aos quais temos além dos objetos, contextos filosóficos, nomenclaturas, até os nomes próprios de pessoas e instituições que marcaram a história do Reiki com suas obras, quais costumam estar diante de estudos da comunidade de Reiki.

Desejo a você uma ótima leitura, saiba que cada detalhe foi feito com muito carinho para você!

MENSAGEM DE UMA AMIGA...

hristian Iuri foi iniciado por mim em Reiki Usui Tibetano nos níveis 2 e 3 no ano de 2013. Essa época, ele ainda um adolescente, vinha receber as iniciações acompanhado por seus pais e já demonstrava um interesse muito grande pelo conhecimento. Entre os meus alunos, 300 aproximadamente iniciados entre o ano de 2011 e 2020, o Christian é o aluno que mais participou das aulas, mais questionava sobre tudo que era falado e apresentado durante as aulas.

Suas perguntas eram sempre muito coerentes e maduras independentemente do nível em que estivesse cursando. Quando, no final de cada aula, eu pedia para que os alunos analisassem e avaliassem o nosso dia, os conteúdos ministrados, o ambiente, o material e a didática utilizada, ele era quem mais aprofundava na avaliação das questões propostas.

Iuri tem sede em conhecer e transmitir ao maior número de pessoas tudo aquilo que julga importante ao nosso crescimento pessoal e espiritual. Não ficando contente só com os níveis de Reiki Tibetano, ele também fez todos os níveis do Gendai Reiki Ho, inclusive o mestrado. Tornou-se um grande mestre/professor iniciando muitos alunos com o propósito de levar Reiki para outras pessoas e comunidades. Enquanto isso, continuava atuando como voluntário no Instituto Flor de Lis, no projeto "Luz do Reiki", aplicando Reiki nas mais diferentes instituições.

Num ato de bravura, assumiu também a direção do Instituto Flor de Lis, dando continuidade e criando novos projetos como: Irradiando Luz, Momento Luz, Semeando Amor e etc.

O livro "Dicionário do Reiki" idealizado e escrito pelo Iuri é uma prova viva de que ele é um estudioso e pesquisador do Reiki. Material rico em detalhes, conceitos, pessoas importantes e fatos históricos contribuindo especialmente com a história do Reiki de forma clara e objetiva.

O autor traz através do "Dicionário do Reiki", além de novidades e curiosidades, muitos conteúdos altamente relevantes ao enriquecimento profissional de cada reikiano e professor/mestre, independente do sistema e abordagem escolhida por nós.

Christian Iuri, representa muito bem os Lemas do Sistema Gendai Reiki Ho, que são:

"Sem Dúvida";
"Nada de Estranho";
"Nada Difícil".

Marta Helena Terra
Ministrante e Terapeuta Reiki
Ministrante e Terapeuta Integrativa

PREFÁCIO

Quando conheci o Mestre Christian Iuri e seu trabalho e dedicação ao Reiki, me identifiquei imediatamente. O conheci pela internet, através de algumas conversas em uma comunidade e achei muito interessante por termos muitas coisas em comum, principalmente a visão do que é o Reiki.

Aos poucos vimos que tínhamos muitos ideais em comum, e que a busca pelo estudo e pela difusão do Reiki de maneira ética, responsável e buscando sempre manter sua essência era uma das coisas que nos uniam. Essa confluência de ideais, nos fez amigos de jornada no Reiki.

Vejo com imensa alegria o último trabalho do Mestre Christian, pois sinto falta no Brasil de termos acesso a um material de qualidade e feito com responsabilidade sobre o Reiki que eu possa indicar a meus alunos.

Algumas obras de Reiki nascem a partir de sonhos e ideias, e chegam ao mundo das palavras para nos trazer luz sobre o assunto e acredito que esse trabalho é um deles. Quando li o "Dicionário de Reiki", fiquei encantada com a obra - por sua pesquisa profunda sobre o assunto e todo empenho e dedicação demonstrados em cada linha.

Comecei no Reiki há mais de 10 anos atrás, tinha muitas dúvidas e perguntas em questões como linhagens, gokkai, gassho - muitas das palavras de origens diferentes do português, e com contextos históricos e sociais aos quais eu desconhecia. Quando conversamos sobre essa obra, achei-a interessante para trazer luz aos praticantes de Reiki para termos e assuntos que eu mesma já tive dúvidas no começo da minha trajetória no Reiki.

Acredito que essas dúvidas sejam também de muitos praticantes de Reiki, e é normal que assim seja a nós ocidentais. Um dicionário, em especial esse, traz luz sobre nossas dúvidas e sobre questões do Reiki para que possamos entender o Reiki de maneira mais ampla, primando sempre por sua ética e essência.

Mestre Christian sempre demonstra um cuidado com seu trabalho no Reiki e em sua difusão, desde que o conheço. E esse trabalho é uma mostra disso. Acredito mesmo que muitos irão se beneficiar desse dicionário, devido a riqueza de termos, a profundidade da pesquisa e a facilidade de pesquisar os termos pertinentes ao universo do Reiki.

O Dicionário do Reiki, é uma obra que indico a todos, e que tive imensa alegria em lê-lo, pois, além de estar em sintonia com a essência do Reiki de Mikao Usui, mostra ser um trabalho profundo de pesquisa sobre diversos aspectos do Reiki - caminhando do Reiki histórico ao Reiki no mundo moderno.

Mikao Usui dizia que o Reiki deve ser acessível a todos e é isso que esse dicionário irá lhe trazer - acesso ao conhecimento da história e dos vocábulos do mundo do Reiki. Espero que usem muito essa obra, que se vê foi feita com imensa dedicação, pesquisa e carinho.

É um trabalho que fico feliz ver nascer, por sua contribuição aos praticantes e terapeutas de Reiki.

Espero que vocês possam aproveita-lo e usa-lo em seu dia a dia como uma fonte de pesquisa assim como eu usarei.

Que todos possam se beneficiar!

Gratidão.

Gláucia Guarino
Respeitada autora de Reiki
Ministrante e Terapeuta Reiki
Terapeuta Integrativa

PARTE 1

O ESTUDO DO REIKI

INTRODUÇÃO

A caminhada nos estudos é corriqueira para toda a vida, em todas as fases da nossa caminhada recebemos convites para buscar mais conhecimento. Esses convites nem sempre são feitos de forma simples e afável, muitas vezes são necessidades pelas quais nos deparamos.

Pouco importa a motivação inicial de sua presente leitura, na verdade ela não deixa de ser gratificante e um exemplo de quão enriquecedor a si mesmo está sendo com este momento. A busca do conhecimento é um presente que podemos nos dar, a dádiva do saber nos faz crescer e amadurecer constantemente.

E por mais incrível que pareça é um exercício constante de um dos nossos princípios do Reiki, dentro dos *gokai* temos cinco princípios fundamentais para se desenvolver e ter uma vida feliz. São eles:

"Kyo dake wa (Só por hoje),

> *Ikaru na (Não tenho raiva),*
>
> *Shinpai suna (Não me preocupo),*
>
> *Kansha shite (Sou grato),*
>
> *Gyo wo hageme (Trabalho honestamente).*
>
> *Hito ni shinsetsu ni (Sou amável com os demais)."*

Mikao Usui

A escolha de seguir os princípios no decorrer dos estudos fica a critério de cada um. Sendo assim podemos esmiuçar cada um dos pontos para utilização do estudo edificante no Reiki, analogamente usamos os cinco princípios empregado aos estudos. Primeiramente iniciamos com o *kyo dake wa* (só por hoje), esta é a frase que inicia cada um dos princípios.

No contexto do ensino, o *só por hoje* é um trecho que expressa a importância deste momento presente na prática do aprofundamento pessoal, o único momento que existe é o presente, não se pode doar inteiramente suas intenções se não focalizar no presente, no aqui e agora, caso destoe a mente e o coração não será um conhecimento em Reiki, mas apenas perda de tempo. O tempo de nossa existência é fugaz e completar ou não a aprendizagem no voluntariado depende de como vivenciamos esta oportunidade maravilhosa que nos foi dada de bom grado, pois poderíamos ser nós a receber o auxílio.

Da subdivisão que fazemos do tempo encontramos o passado, o presente e o futuro, mas o único que realmente existe é o presente. O passado é história e não importa para a atividade vivenciada no presente, apenas para análises de melhorias futuras fora do campo de trabalho prático. Já o futuro não chegou e é apenas uma ideia que muitas vezes planejamos, esse planejamento é importante desde que seja realizado no presente adequado, algo que difere da atuação busca de conhecimento e sabedoria.

Já o agora, o hoje, realmente existe: como o dia em que estamos abraçando companheiros, acalentando corações como instrumentos da energia *Rei*, esse é o momento vivaz aos indivíduos que possuem afinco ao bem proceder. É como dizer: "somente este aprimoramento pessoal é a vida inteira que preciso".

O Hoje é o acúmulo de cada instante, cada situação educativa que o universo nos proporciona, um presente para a nossa vida, um aprendizado muitas vezes inestimável. Enquanto continuarmos medindo os aspectos da existência com a nossa régua não nos abriremos a verdade que ela pode nos proporcionar.

Contudo, os cinco princípios são o ensinamento que indicam a valorização de cada dia, seguintes ao "só por hoje" temos o primeiro grande ensinamento: *ikaru na* (não tenho raiva), o sentimento de raiva nos causa danos e também aos outros, por isso nos ensina que não devemos ter esse tipo de sentimento, como um aprendiz poderia germinar estes sentimentos ao realizar a atividade? Não é pelo anseio de conhecimento que o faz? Poderia ter prazer em estudar com raiva?

Este é o ensinamento que nos diz incessantemente por que não devemos nos perder nos altos e baixos de nossas emoções, manter a calma nas relações com nossos colegas de escola terrena, com as pessoas que por ventura se excedam nas atitudes conosco, que interpretem a atividade voluntária erroneamente, ressoando a compaixão com paciência e resiliência.

As emoções são as principais causas que produzem os *karmas* (energia negativa), o objetivo fundamental do aprendizado é o aprimoramento, sendo assim buscamos progredir e acumular *darmas*, abandonando *karmas*, caso contrário estaríamos realmente exercendo o Reiki? Nós como pessoas muito egocêntricas e ainda crianças diante da magnificência da vida sofremos de fortes altos e baixos em emoções e não conseguindo ver a nós mesmas, vamos agravando problemas com a ira, o ódio, a mentira e o rancor, mas se deixarmos o estudo da sabedoria tomar em breves instantes nossas percepções iremos liberar essas chagas de formas sutis e benéficas.

O Reiki é intensificado na prática da aprendizagem, logo damos margem para uma nossa perspectiva, uma semente de sabedoria que pode vir a germinar. Contudo levamos a vida de forma leve, abstendo-se da raiva, e quando nos apercebemos já começamos a receber energias tanto quanto canalizamos, como bambus ocos que são extremamente límpidos no labor de suas funções com a água.

A avalanche que surge de problemas provenientes da raiva normalmente não se evidencia quando estamos presentes na atividade, como jatos de pensamentos, vão sendo dirigidos a nós mesmos no subconsciente, levando-nos paulatinamente ao progresso. Com o conhecimento do Reiki, desenvolvemos um saber acessível aos que mais necessitam, com este trabalho podemos ir recuperando aos poucos, o equilíbrio do espírito e das emoções, para podermos alcançar um dia, o máximo do estado de calma e paz.

Seguindo com esta chuva de benesses encontramos o segundo princípio: *shinpai suna* (não me preocupo), nesta busca por novas aptidões confiamos na providência divina e nos reguladores da prática, mantendo apenas os devidos esforços, compreendemos que temos o nosso papel, e quanto maior forem nossas aptidões mais elevado se torna o compromisso conosco e com os demais.

Nossa mente muitas vezes fica preocupada e temerosa do que se está realizando, se fez todas as precauções cabíveis ao seu conhecimento, ele não fez o máximo que podia? Por que se preocupa? A Chave para livrarmo-nos do temor é confiar e vibrar na frequência do Universo, mantermos o *reiji* firme e perseverante com nossa postura mental e vibracional plenamente em *gasho* sabendo a verdade de que é Deus (interpretação de acordo com a crença particular de cada um) que nos outorga a missão e o papel a realizar em nossas vidas. Que se estamos no caminho do aprendizado de conhecimento, uma das nossas missões está em execução, é dar corpo a um conteúdo, pois é a dadiva que nos mantém vivos a cada dia.

Em terceiro momento encontramos a sublime gratidão: *kansha shite* (sou grato), quando nos damos conta de que não estamos vivos por mérito próprio, somos presentados com a nossa existência e com a consciência que estamos sendo preservados com vida. Entendemos que estar ali naquele momento agraciando o próximo como a nós mesmos é surreal, é impossível não possuir gratidão quando isso toma corpo em nós.

O sentimento de gratidão que surge do próximo para conosco é gratificante a enriquecedor, é um sentimento de gratidão mútua, é uma energia que emerge de uma consciência mais alta e redoma a todos que estão banhados na prática. Mas, muitas vezes aprisionados pelos desejos egoístas, nós esquecemos dos sentimentos de satisfação e gratidão, perdemos de vista este sentimento tão essencial, se isso ocorre podemos tornar precárias as obras em que participamos.

Ser grato pelos conhecimentos adquiridos, entender a dificuldade que é semear e desenvolver de forma palpável tão amáveis sabores da vida. Ficar grato pelo aprendizado é o contrário da postura omissa e submissa de muitos aprendizes, é muito mais que isso, é estar em comunhão com o saber do Reiki. É transformar palpável os valores desses ensinos, abstendo a omissão e agraciando o Universo com sua busca por sabedoria, ensinando se necessários seus próprios professores diante da verdadeira gratidão.

A partir do momento que somos gratos realmente, saímos da zona de conforto do ato de supervalorização de um professor ou qualquer pessoa que seja, desenvolvemos a visão de gratidão sobre tudo que existe, e colocamos a balança de todas as ações sobre o julgo suave e doce do amor. É por esta medida que o Reiki sanará interpretações sacerdotais e abolirá as posturas de supervalorização de linhagens, aos quais impregnaram até a linguagem dentro do Reiki. Mas se estivermos recebendo os benefícios do Reiki e estivermos familiarizados com ele, o sentimento de gratidão nascerá naturalmente.

Contudo ainda temos dois princípios, o quarto é o exemplo do verdadeiro servidor da existência: *gyo wo hageme* (trabalho honestamente), dentro deste contexto *gyo* pode significar trabalho laboral, mas é também um vocábulo que significa todos os atos e ações. Aqui, do ponto de vista do contexto dos cinco princípios seria correto compreendê-lo como o esforço por levar a cabo corretamente nossos atos e ações, o que têm a ver com nossa aprendizagem, sendo elas na prática efetiva do estudo particular, quanto na nossa vida familiar e em nossos seios sociais, pois se um estudante é um exemplo de pessoa logicamente será um ótimo reikiano naturalmente, tornando assim a prática cotidiana mais leve e fluida.

Crescemos através do cumprimento de nossas missões, dentre elas uma pode ser o papel de alunos e professores da vida como um foco de luz do Reiki,

um emissário do amor incondicional, um instrumento com rudimentos grosseiros, mas que aos poucos busca a aprendizagem necessária, isso acontece através da atividade diária e do trabalho.

Já faz muito tempo que existem crenças que nos afastam das práticas espirituais, porém a maneira genuína para abolir este quadro é avançar na aprendizagem através do trabalho árduo e dedicado. Assim nos relacionamos cada vez mais com os demais, tanto pessoas sadias que buscam a técnica por curiosidade como indivíduos frágeis e doentes atrás de uma cura. E consequentemente pode vir a ser a estes que no Reiki encontraram a aplicação para alcançá-la.

Agora sim chegamos ao último princípio, o mais abrangente e proeminente à primeira vista: *hito ni shinsetsu ni* (sou amável com os demais), cada um de nós tem um tema de aprendizagem e assim apoiamos uns aos outros, nas pessoas que vamos conhecendo ao decorrer do tempo, alguns nos educam, outras são educadas, e com isso vamos progredindo juntos. O mesmo ocorre no estudo do Reiki, buscar ajudar a todos é um pilar central, sem proceder bondosamente com seus colegas e companheiros de jornada no percurso do saber.

As pessoas que aparecem em nosso cenário adotam todo tipo de papéis, colaborando assim, para a nossa aprendizagem, tanto aprendemos com nossos gestores e colegas, bem como, com nossos assistidos durante a atividade de Reiki. Nesse processo ainda que ajam como personagens negativos sem dúvida estão aí para completar a aprendizagem, pois muitas vezes os maiores aprendizados surgem com grandes mudanças em nossa zona de conforto, zona está que ao observar percebemos como são situações motivadas por engrenagens negativas do sistema.

Não tratamos está situação com maus sentimentos, sermos bondosos é essencial, na dimensão universal da existência não há diferenças entre uns e outros, o que existem são graus mais ou menos avançados de discernimento. A busca pelo estudo já é por si só um passo de saída constante da estagnação pessoal.

Aprendendo nos vemos enquanto vemos que muitas vezes os assistidos estão em uma situação que ainda não podemos passar, mas nos dão a oportunidade de auxiliar, e logicamente o inverso também é muito corriqueiro no Reiki. Dito este princípio de outro modo: Seja amável com os demais, significa cuidar de nós mesmos, sem pestanejar, e logo cuidamos dos semelhantes.

Inicialmente é uma diretriz que aparenta ter duas faces, mas possui apenas uma. Certamente este sentimento será cultivado de maneira natural através das práticas de Reiki, principalmente pela busca de sair das correntes da ignorância, afugentando as paixões e encontrando a evolução individual.

Enfim foram traçados os principais trechos de caminhada, caso esses tópicos sejam seguidos à risca o progresso é crescente. O alinhamento dos princípios em conjunto com a espontaneidade no empenho particular, desinteresse nas motivações egoístas e desinteresse de compensação são a base.

Não nos esquecendo de fundamentar juntamente com a lealdade aos demais para ser a referência moral e ética da melhor possibilidade da prática no Reiki, sem dúvida com essa base não haverá problemas no início, durante e depois do seu futuro como aprendiz da vida.

LINHAGENS E NÍVEIS DE REIKI

omo todas as nossas atividades que passamos ao decorrer da vida, as origens demonstram qual foi a caminhada de conhecimento até nós, as pessoas que nos auxiliaram direta ou indiretamente possuem sua importância significativa em atividades realizadas nesse processo. Esta importância na grande maioria das vezes é supervalorizada, muito mais exaltada do que realmente deveria ser. A ancestralidade as vezes é santificada ou egoisticamente engrandecida, assim também é com as linhagens do Reiki. É muito comum dar se um valor extrafuncional as linhagens, desde seu fundador (na grande maioria das vezes Mikao Usui) até outros indivíduos derivados da mesma linhagem ao sistema de Reiki em voga, assim observamos que o aspecto sacerdotal permeia as relações e interpretações das linhagens.

Quando lidamos com o Reiki devemos drenar as manifestações excêntricas de todo gênero, inclusive as relações que os terapeutas possuem. Ou seja, quando tratamos de terapeutas que estão na mesma linhagem, incluindo professores e alunos de Reiki isso se torna delicado, e ao mesmo tempo uma prova de aprimoramento moral dos envolvidos, pois não se pode considerar essas questões como específicas do aprimoramento do reikiano como terapeuta, tão pouco como canal de Reiki ou qualidade de serviço.

As especulações e transgressões com relação a "hierarquia" dentro do Reiki são inúmeras, essa falsa hierarquia é a ferramenta principal para que atividades de Reiki degringolem a problemas graves de prática inadequada ou conflitos que geram finalização das atividades em terminados locais. Essa questão está relacionada ao comportamento egocêntrico que encontramos dentro do Reiki como um todo, no mundo inteiro pessoas buscam se beneficiar e desenvolver uma imagem de exemplo dentro da metodologia Reiki.

Quando personalidades deste viés adentram o espaço de Reiki e se deparam com pessoas de autoestima baixa ou as vezes quase inexistente ocorre um fenômeno gravíssimo, a titulação de porta-voz do serviço. Assim esta pessoa toma o posto de verdade dentro do Reiki, e se não for abafada pode criar um seio de manipulação e controle da atividade, estando consciente ou não de sua postura. Logo o ambiente se tornará um local onde o trabalho girará de forma direta ou indireta entorno dela, acarretando nada mais que uma prática de reikianos em busca de elevação das suas paixões mundanas, fugindo ao propósito verdadeiro.

Outro fator importantíssimo na prática é a identificação dos níveis, comumente observamos uma crescente e esmagadora leva de críticas e crendices com relação ao nível 1, ou seja, o nível denominado shoden por Usui significa "o despertar" para o Reiki. É obvio que esse fator é nivelador, mas todos sabemos que o nível pouco importa, é apenas uma das análises dentro da complexidade que nos é apresentada. A determinação de qualidade por nível é uma interpretação ínfima e simplista que demonstra a insignificância de quem a realiza. A prática alinhada ao bem proceder será muito mais importante que um número específico de iniciações/sintonizações e ou quantidade de *reijus*, a experiência e elevação moral do espírito em questão é a diretriz principal da potência do canal de Reiki.

Podemos concluir que a baliza do progresso moral não pode ser levada em voga de forma ferrenha, até porque é complicado fazer uma análise dessas, pois nem compreendemos corretamente a nossa evolução, quem dirá de um terceiro. Mas podemos ter como parâmetro basilar que tenta encaixar um pouco este dilema, o tempo de prática em Reiki, isso sendo de tempo efetivo na terapêutica, caso contrário pessoas que nunca praticaram seriam acolhidas a atividade profissional, o que não deve ser o caso.

Com relação aos níveis de Reiki, temos ciência que o nível e sistema de que a pessoa fez fará total influência na sua maturidade dentro do Reiki, e que quanto maior o nível ou complexidade de seu sistema/linhagem mais ferramentas possui para lidar com dificuldades no percurso da atividade. Desde soluções simples como explicar algum conceito energético, até lidar com um processo obsessivo que possa estar tentando influenciar a aplicação, tudo isso é válido, por isso que a experiência deve existir.

Assim surge mais uma dúvida, o nível de Reiki é importante para a atividade terapêutica? Ao nosso ver isso é apenas um simbolismo, no que tange a prática sem muitas especificidades, as vezes é necessário para que a ignorância da maioria massiva dentro do Reiki que supervaloriza os níveis, mas que afinal é secundária a particularidade do tempo de prática. Todo terapeuta Reiki tem seus princípios e dinâmicas de se proceder na prática, quando tratamos de sistemas de Reiki a particularidade costuma tomar conta da atividade. Assim sendo, a coordenação da atividade pode transferir a sua interpretação de que os outros sistemas não são válidos como o empregado no local, ou se a linhagem for diferente não é coerente.

Um exemplo disso foi quando certa feita nos deparamos com uma voluntária que veio até o Instituto Flor de Lis para realizar a prática voluntária, recebemos muitos elogios dela com relação a diretriz de aceitar todos os sistemas e se por acaso fosse algum sistema um pouco destoante realizar uma reciclagem gratuita para apenas balizar ferramentas e conceitos do Reiki. Ela nos narrou que foi coagida a fazer o curso com "fulano" para poder ser voluntária por que não seria apta e correta na atividade se mantivesse com o conteúdo já obtido. Isto é no mínimo inadequado, diga-se de passagem, pois não se trata disso para que o Reiki seja coerente, quando nos deparamos com fatos desta categoria o que normalmente vem à tona é os motivos que acarretaram isso.

Primeiramente a escolha de ser porta voz do Reiki, como citado anteriormente a hierarquia e o sacerdócio costumam ser comuns, quadro extremamente corriqueiro nas relações e é crucial encontrar formas de trabalhar e aproveitar as capacidades individuais de cada um. Outro fator é a segurança na visão sobre o Reiki.

Tendo tudo isso em vista, percebemos que os níveis e sistemas possuem suas importâncias significativas, mas afinal qual o parâmetro a ser adotado? Qual o nível ideal para ingressar na terapêutica? Quais os sistemas a serem aceitos? Para responder estas perguntas podemos usar como parâmetro o mais lógico, que é o bom senso, levando em consideração principalmente o perigo que o Reiki apresenta nas individualidades. Estas podem se deixar levar pelo ego exacerbado, e temos que definir algo que seja possível, coerente e que viabilize a prática.

Em segundo temos os sistemas de Reiki, vale o mesmo para os níveis, se for um sistema que viabilize a atividade, não gere empecilhos e não possua crendices prejudiciais a atividade não haveria o porquê desagregar do serviço, o único motivo pelo qual seria interessante filtrar é o conhecimento variado que os sistemas possuem. Então seria conveniente criar uma margem de sistemas e linhagens aceitáveis, ou seja, se forem derivadas de Usui, demonstre uma disparidade com as doutrinas hierárquicas (filosofias dentro do Reiki que supervalorizam linhagens e criam títulos aos sensei´s de Reiki) e tenham alguns padrões gerais coerentes com a linha adotada, podendo assim ser validada esta linhagem ao seguimento.

Por fim podemos reflexionar e estipular organizações específicas para os casos gerais que nos são apresentados, realizar estudos sobre o andamento da atividade e buscar soluções, mas sempre o regimento para as questões particulares será o bom senso e a cautela. Verificando e experienciando os métodos existentes, sempre buscando aprimoramento com conhecimento das novas linhas e possibilidades de sistemas Reiki não faltaram motivos para que o andamento da atividade seja rico e produtivo.

O QUE É O REIKI VOLUNTÁRIO E O REIKI SOLIDÁRIO?

A definição real dos termos e palavras nem sempre é usado, os significados populares são gerados principalmente no seio cultural e social. Mesmo que se pense em várias palavras, normalmente são interpretadas e utilizadas de forma equivocada ao próprio dicionário. Isto acaba prejudicando em certos momentos a comunicação, tornando significados diferentes para cada um. Quando acontece interpretações diferentes do dicionário não existe problema, a complicação está em pessoas que se utilizam desta deficiência para usufruir com interesses particulares.

No mundo a grande quantidade de Reiki solidário que se denomina voluntário é enorme, em sua maioria é por não entender o significado de voluntário em toda sua amplitude. É complexo exemplificar cada tema, motivo pelo qual temos um capítulo específico para sanar este lheame. Exemplo é que em todos os meios de comunicação encontramos amostras de "Reiki Voluntário", muito comum grupos privados que fazem sessões gratuitas de Reiki para aumentar a rede de contatos, seja dos terapeutas ou dos próprios locais e instituições em que esta prática é realizada. Este exemplo é um bom motivo para a real compreensão dos devidos sentidos.

Primeiramente devemos compreender o Reiki solidário, do latim *solidus* que significa um corpo de três dimensões, por isso a palavra "sólido". O mesmo se dá com a palavra soldado que advém de *solidus*, pois significa se solidarizar, manter-se coeso com outros dependentes, mais ou menos como uma engrenagem de uma máquina. Como se vê não há nada de errado em dizer que o Reiki voluntário também é solidário.

pela própria vontade espontaneamente, estamos dizendo que não existem Mas a grande questão está na segunda palavra, voluntário que derivada também do latim voluntarium, significa "o que age por própria vontade, espontaneamente", se aprofundarmos as palavras originárias de voluntarium são volun-tas e voluntatis, cujo significado é "capacidade de escolha ou de decisão", ora então não tem nenhum problema em dizer que o que é solidário pode ser voluntário? A uma primeira vista não, mas não é verdade. Se tratamos de agirnenhum meio motivador desta vontade, a não ser a própria espontaneidade do indivíduo que se voluntaria. Assim sendo, é incoerente existir algum meio, fim ou motivador premeditado que gere a busca da atividade voluntária. Mas é claro que se atermos ao extremismo não existem voluntários no mundo que vivemos, por isso cabe seguir o contexto geral, se existe interesse material ou moral exacerbado não pode de maneira nenhuma ser considerado um trabalho voluntário.

Contudo cabe sempre a cautela e observação dos trabalhos de Reiki, ao realizar uma atividade terapêutica solidária, quem irá recebe-la tem em mente possíveis causas deste trabalho. Se não possuirmos esta coerência, como se pode transmitir a mensagem filosófica que o Reiki tem a proporcionar? Somos portadores da mensagem em prática, imagine a impressão de uma pessoa leiga sobre um reikiano que coloca Reiki voluntário, mas na verdade busca um aumento de público e rede de contatos, a filosofia fica assim apenas na teoria.

Enfim, o Reiki voluntário é buscar a autorrealização através do auxílio a todos, tanto ao próximo como a nós mesmos. Ser um canal digno de agregar as práticas vivazes que trazem ao dia a dia a filosofia, mesmo sem poder exerce-las de forma plena. A questão de o voluntário ter como impulsão o ego é comum ocorrer, e as pessoas na maioria podem vir a procurar por isso. Mas como forma de ser um canal de cura e de transformação do outro, aos poucos, no labor desenvolvem um amadurecimento, um gosto pelo atendimento que melhora este possível quadro grandiosamente.

O exímio reikiano é aquele que busca se aprimorar, mesmo que não seja o melhor exemplo.

E o Reiki solidário é o exemplo da solidariedade, por-tar-se como uma peça da engrenagem universal que coordena todas as energias da existência.

PARTE 2

TERMOS E CONCEITOS

Ai-Reiki: Momento pleno com um estado de completa harmonia com o Reiki, ou seja, estar em sintonia elevada a técnica. Ex: "Ele estava feliz pois ficou em Ai-Reiki".

Aliança de Reiki: Organização formada em 1983 por alguns Mestres de Reiki originais de Takata Sensei, com o propósito de preservar a integridade do Usui Shiki Ryoho, conforme apresentado por Takata Sensei.

Associação Americana de Reiki: Associação inaugurada em 1980, por Barbara Weber Ray e Hawayo Takata. Com o passar do tempo o seu nome se alterou para Associação Internacional de Técnica de Radiância.

Associação Brasileira de Reiki: Fundada em 1983, após a vinda ao Brasil da Reiki Master Stephen Cord Saiki da American Internacional Reiki Association (AIRA), o qual ministrou o primeiro Curso de Reiki no Brasil segundo Claudete França.

Associação Brasileira de Praticantes de Reiki: Fundada em 2021, teve sua motivação disseminar a técnica de uma forma séria e coesa com outras instituições no mundo. Seus principais idealizadores foram inicialmente Glaucia Guariano e Christian Iuri.

Associação Internacional de Técnica de Radiância: Fundada originalmente em 1980, por Barbara (Weber) Ray e Takata Sensei como Associação Americana de Reiki. Após houve um ajuste para Associação Internacional de Técnica de Radiância, ao qual considera Barbara Ray como a legítima sucessora de Takata Sensei.

Associação Portuguesa de Reiki: Associação sem fins lucrativos que visa o esclarecimento sobre Reiki e o apoio a praticantes, mestres e terapeutas de Reiki em Portugal. Tendo sido idealizada em 22 de maio de 2008, acabou por ser constituída no dia 2 de outubro do mesmo ano.

Aoki, Huminori (ou Fuminori): Presidente do Laboratório de Reiki de Nagoya (anteriormente chamado "Instituto Humano & Confiança"), onde ensina a sua própria ótica de Reiki, apresentada por Reido Reiki

(Movimento de Espírito Reiki), um sistema que propõe unir as tradições de Reiki ocidental alinhando as origens japonesas. Além disso é autor do livro "A Cura pelo Reiki".

Amanohuna Reiki: Sistema de Reiki que possuí níveis canalizados por Arthur Cataldo no Hawaii. A tradução para a palavra "amanohuna" é "abundância do caminho certo da vida".

Anshin Ritsumei: É a junção de dois termos japoneses, *Anshin* e *Ritsumei*. Anshin significa paz de espírito, mente equilibrada, foco mental, alívio etc., quando aplicada costuma estar com algum complemento como por exemplo:

hitoanshin (sentir alívio). Logo o termo completo pode vir a significar: paz de espírito e iluminação, mantendo a mente serena. É um estado em que a mente se encontra totalmente em paz – imperturbável – e no qual se compreende o propósito da vida. Ex: "Se dedicou por muito tempo e enfim atingiu o anshin ritsumei". Kanji em japonês:

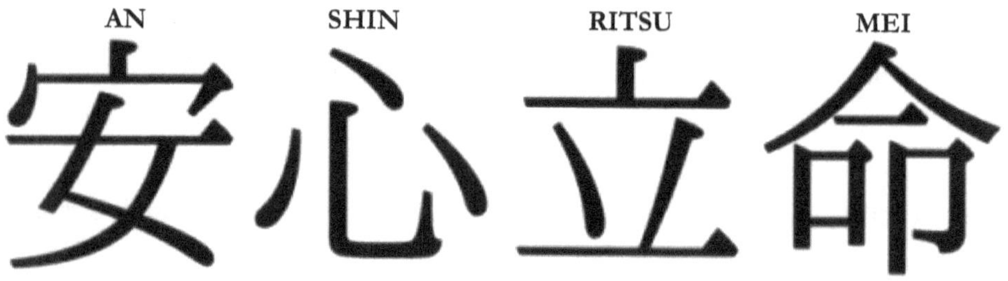

Antahkarana: É uma palavra que deriva do sânscrito, onde *Antah* significa "interior" e *Karana* representa "instrumento". É um símbolo tibetano utilizado em rituais de meditação e cura, onde muitos atribuem sua utilização na Lemuria e China. É um símbolo ocidental do Reiki, a Antahkarana é um símbolo cúbico, tem um formato em "L", constituído em suas faces.

Atribui-se a este símbolo a panaceia para todas as doenças.

símbolo Antahkarana

Araki, George: Araki juntamente com Paul Mitchell foram iniciados ao mesmo tempo, em novembro de 1979, na casa de Paul em San Francisco, enquanto Fran Brown esperava em outra sala para ser iniciada por Takata. Também foi iniciado no nível de "Mestrado" em 1979, uma vez que Paul Mitchell afirma, em um panfleto que ele escreveu para o Reiki Alliance, que foi iniciado no nível de Mestrado em 1979. George foi chefe do Departamento para a Cura Alternativa da San Francisco State University (EUA), quando virou "mestre". Teve com isso a finalidade de estudar Reiki. Segundo Fran Brown e Shinobu Saito, George só ensinou Reiki algumas vezes e mandava seus estudantes para outros "Mestres", inclusive eles. E veio a falecer em 29 de junho de 2006 com a idade de 74.

Asa No Inori: Traduzido literalmente como uma oração da manhã. Presente na cultura japonesa é um hábito milenar.

Aura: Interpretada de diversas maneiras, pode ser descrita como uma energia e/ou campo eletromagnético ao redor do corpo.

Auto tratamento: designação atribuída à aplicação de Reiki em si próprio por parte de um praticante, com o objetivo de promover o equilíbrio e harmonia pessoais. O auto tratamento é uma ferramenta utilizada essencialmente na prática do Reiki no nível inicial. Alguns sistemas tornam fundamental esta prática para o seguimento dos níveis de Reiki, e a medida em que quanto mais equilibrado e realizado estiver o praticante, mais acessível é os novos degraus. Esta técnica tem como objetivo o desenvolvimento pessoal.

A

Ayashiku-nai, okashiku-nai, muzukashiku-nai: São os lemas do sistema Gendai Reiki Ho. Sendo estes:

Ayashiku-nai = sem dúvida
Okashiku-nai = nada de estranho
Muzukashiku-nai = nada difícil

Baba, Dorothy: Era uma assistente social que viveu em Stockton. Ela se tornou "mestre" na mesma época que John Harvey Gray. Todas as informações foram cedidas por Fran Brown.

Brahma Satya Reiki: Nomenclatura de um sistema desenvolvido pela Deepak Hardiker, segundo ela é baseado em shiva-shakti (ligado ao hinduísmo), e só é ensinado na Índia e Filipinas. É um sistema pouco conhecido e de difícil acesso.

Baylow, Ursula: "Iniciada nos níveis I e II por Hawayo Takata em meados da década de 1970 (nota: ela recebeu o Nível I em 1976 em Summerland, Canadá, juntamente com Barbara Brown), tornou-se mestre Reiki em outubro de 1979. Sra. Takata ficou na casa de Ursula, em Penticton, Canadá, quando ela estava ensinando nessa área em 1977. A foto na capa do livro "Living Reiki", de Fran Brown, foi feita em seu jardim pelo marido de Ursula, Gunter Baylow. Ursula Baylow praticava Reiki e reflexologia entre 1976 até 1989. Ela recebia entre 20 a 24 clientes por semana, e muitos experimentaram grande melhora em vários problemas de saúde. Depois de um acidente vascular cerebral em 1989, Ursula não foi mais capaz de tratar clientes, mas continuou a partilhar a sua cura com a família e amigos. Ursula Baylow morreu de um ataque cardíaco durante o sono aos 85 anos, em 21 de outubro de 1996(...)". Estas informações foram retiradas diretamente da filha de Úrsula, que redigiu o livro "Early days of Reiki: Memories of Hawayo Takata", compilados pela Anneli Twan.

Byoki: Inicialmente *byo* se traduz como desconforto/doença e o *ki* como a energia vital/respiração vital. Logo temos que é uma doença que estendeu seus efeitos além do corpo e até o *ki*.

Blackwell, Richard: Um psicólogo clínico que afirma estar na posse de uma caixa lacada preta contendo documentos que pertencem a Usui Sensei (documentos que um antiquário alemão aparentemente confirmou como manuscritos autênticos do século VII ao XIX), detalhando a tradição e os ensinamentos do Reiki. Diz-se que um desses documentos: o Tantra do Flash Relâmpago, apresenta um método abrangente de cura derivado do budismo esotérico praticado no Tibete e foi supostamente trazido ao Japão por Kobo

Daishi (Kukai), o fundador do budismo Shingon. Kukai realmente retornou ao Japão (da China) com os textos sagrados nos quais Shingon foi fundado, vários anos antes de Guru Rinpoche (fundador da Budismo tântrico tibetano. Além disso, o catálogo original dos textos trazidos ao Japão por Kukai ainda existe (em sua própria caligrafia). Richard sustenta que a caixa foi comprada logo após a Segunda Guerra Mundial por seu pai (que era então capitão do exército dos Estados Unidos da América), de alguns monges necessitados que estavam arrecadando fundos para reconstruir seu templo bombardeado.

"Blue Book" (tradução: Livro Azul): Produzido no ano de 1985, por Phyllis Lei Furumoto (neta de Takata Sensei) e Paulo Mitchell da associação Aliança do Reiki ("Reiki Alliance"). Esta obra inclui informação histórica sobre o Reiki como foi passado por Hawayo Takata, informação específicas da "Reiki Alliance" etc., tem diversas fotografias, incluindo uma de Usui, Hayashi, Takata e Furumoto.

Bockner, Rick: Nascido em 19 de setembro de 1948, foi o último "mestre" iniciado por Takata. Recebeu o 1º grau em 10 de outubro, 2º grau no dia 20 todos no mês de outubro. Já seu mestrado concebeu em 12 de outubro de 1980. Ele organizou uma classe com cerca de 44 estudantes para a Mestra Ha wayo Takata no Grey Creek Hall. Também afirmou que foi iniciado no mestrado juntamente com Paul Mitchell. Wanja Twan afirma em um artigo escrito para Reiki Magazine que Rick Bockner foi o último mestre iniciado pela Hawayo Takata.

Brown, Barbara: Personalidade do Reiki que foi iniciada no nível I em 1976, em Summerland, Canadá, juntamente com Ursula Baylow. Foi iniciada no Mestrado em 12 de outubro de 1979, em Cherryville (BC, Canadá), juntamente com Wanja Twan e Bethal Phaigh. As datas dessa formação estão no livro: "Early days of Reiki: Memories of Hawayo Takata", de Anneli Twan. Barbara veio falecer em 23 de abril de2000, aos 85 anos de idade.

Brown, Fran: Ela conheceu Hawayo Takata em 1973, em San Francisco. Em janeiro de 1979 tornou-se a sétima "Mestra" iniciada por Takata. A iniciação ocorreu em Keosauqua, Iowa. Sua formação foi entre 1973 e 1979, pois concluiu o mestrado com Takata em 15 de janeiro de 1979. Após, publicou o livro Living Reiki: Takata´s Teachings. Brown foi reconhecida no Japão por ensinar o Reiki autêntico da Takata, segundo ela: "Em 1997, fui convidado para ir ao Japão e ensinar o sistema de Hayashi e, em 1999, tive o privilégio de me reunir com os membros do grupo fundado por Usui, assim como estudantes e mestres iniciados por Chujiro Hayashi. Comparamos ensinamentos e iniciações e adoramos saber que eles são semelhantes. Hayashi organizou as posições de aplicação ensinadas por Usui, de modo que era mais fácil ensinar Reiki. Takata disse que ele nunca alterou qualquer dos ensinamentos e pediulhe para não os alterar e eu nunca alterei". Ela veio a falecer no domingo de Páscoa, 12 de abril de 2009.

Buda: Significa iluminado em sânscrito, antiga língua sagrada da Índia. Buda é um título dado a um mestre budista ou a todos os iluminados que alcançaram a realização espiritual do budismo. Um exemplo de Buda foi **Sidarta Gautama,** nasceu por volta de 556 a.C., em Kapilavastu, capital de um pequeno reino próximo ao Himalaia, na atual fronteira do Nepal.

Buddho Enersense: Termo para a nomenclatura de um sistema que algumas vezes é chamado de EnerSense Buddho, afirma ser de origem budista Lamas no Nepal, Tibete e norte da Índia. Foi inaugurado pelo venerável Seiji Takamori, um monge budista. Tem disciplinas espirituais relacionadas a cura envolvendo práticas e capacitações de meditação, usando técnicas antigas com diversas simbologias, mantras e outros aspectos dos ensinamentos e da filosofia budistas.

Bushido Reiki: Este sistema de Reiki é uma modalidade terapêutica que une a tradição básica do Usui Reiki Ryoho, de Mikao Usui, com o código de honra e a filosofia dos guerreiros japoneses tradicionais, denominados samurais. O Bushido é o caminho do samurai, logicamente o Bushido Reiki utiliza elementos de esgrima japonesa (kenjutsu) e de outras artes marciais para captação e transmissão da energia Reiki, orientado para a cura, poder e desenvolvimento espiritual. Seu significado é baseado na composição dos kanjis emvolvidos, que são: *Bushi* e *Do*, onde simbolizam respectivamente, "guerreiro" e "caminho".

Byogen Chiryo: Técnica que visa tratar a raíz das doenças. É formulada com a união de quatro kanji. Primeiramente temos *byo* que significa doença, após *gen* que é origem ou raíz. Seguindo temos *chiryo* representando tratamento e *ho* técnica. É muito similar ao Genetsu-ho.

Byosen Reikan Ho: Primeiramente temos *byo* que significa "doença", após *sen* que é "desarmonia", seguindo o *reikan* representa "sensação" e *ho* "técnica". É comumente designado por Byosen. Técnica de Reiki na qual o terapêuta move as suas mãos através da aura/campo energético do paciente, à procura de flutuações energéticas, "sensação energética" detectada em áreas do corpo do paciente. Contudo, Byosen não tem apenas que ver com flutuações de energia, a intuição e inspiração são essenciais. Os reikianos frequentemente traduzem por inspiração; mas, no seu sentido mais profundo, isto é, o que melhor entendemos como "sensibilidade psíquica".

Byosen: Técnica atribuída inicialmente a Mikao Usui, o fundador do Reiki. Consiste em detectar pontos de desiquilíbrio energético no corpo, através de diferentes sensações captadas pelas mãos, instuição e demais recursos sensíveis ao terapeuta.

C

Certificado de Reiki: Documento que normalmente atesta a conclusão de cada nível de formação dentro de um sistema de Reiki. Uma ferramenta puramente institucional, que depende da legislação de cada país. É em suma um atestado que permite a verificação da validade na formação, os níveis e técnicas de ensino que concluíram, além do(s) sistema(s) de Reiki segundo os quais operam.

Centro Vital: Entendimento que segue o leque de uma das interpretações diante do corpo tangível dos indivíduos. É uma visão muito popular na doutrina denominada espiritismo, sua posição é extremamente similar ou igual a dos *chakras.*

Chanoyu: Cerimônia do chá amplamente feita na cultura japonesa. Representa significativamente o hábito hospitaleiro que possuem em sua cultura.

Chakras: Palavra sânscrita que significa "roda/círculo", é utilizada para designar os centros responsáveis pela distribuição de energia segundo está visão. Sendo através destes canais, a alimentação de energia universal "prana", conduzidas por "nadis", para assim nutrir e sustentar o corpo humano. Existem sete chakras principais, situados entre a cabeça e a base da coluna vertebral. Cada um corresponde às sete principais glândulas e regula funções físicas específicas.

Chakra Kassei Kokyo Ho: Técnica que deriva da junção de quatro termos. Inicialmente temos *chakra* como o "centro energético", após o *kassei* com o significado de "ativar", *kokyu* que é o "respirar" e o *ho* é "método". Logo, é um método de respiração para a ativação do chakra, ensinada no sistema Gendai Reiki Ho.

CKR: Nada mais é do que uma abreviação do termo/símbolo japonês Choku Rei.

43

C

Choku Rei (alguns locais encontram-se: Chokurei): Nome do primeiro dos três símbolos do Reiki Usui. Em algumas linhagens japonesas, o símbolo é conhecido por símbolo "Foco". Takata Sensei traduziu "Choku Rei" como "pôr o poder [espiritual] aqui", contudo pode também traduzir-se como algo familiar a: "na presença do(s) Espírito(s)" ou até como "Espírito Diretamente Atuante".

símbolo Choku Rei

Chuden: Primeiramente temos o termo *chu* significando "meio/segundo" e após o *den* que é "ensinamentoo". Em algumas linhas de Reiki, é o nível de treino entre o Shoden e o Okuden. Não obstante é meio raro encontrar este nível nos sistemas contemporâneos.

Chu Tanden: Uma área baseada na interpretação energética dos tanden´s, representa um centro de energia ou área localizada no ímo do peito.

Cirurgia Psíquica (ou referida como cirurgia energética): Trata de um método usado no Reiki Ocidental para remover energia indesejados do corpo/aura do destinatário.

Chujiro Hayashi: Foi um médico e oficial da Marinha Japonesa nascido a 15 de setembro de 1880, em Tóquio, foi um dos poucos alunos de Mikao Usui a atingir o grau de Mestre. Após formar-se no Reiki, em 1925, acabou por desenvolver o seu próprio método, Hayashi Shiki Reiki Ryoho, que adaptava alguns dos aspectos do sistema de Usui com base nos seus conhecimentos médicos. Faleceu a 11 de maio de 1940, sendo sucedido pela sua mulher, Chie Hayashi, na liderança da sua organização, Hayashi Reiki Ryoho Kenkyukai.

Cinco princípios de Reiki: Um conjunto de instruções inspiradas nos poemas do Imperador Meiji que atuam como linhas orientadoras para os praticantes de Reiki, com o propósito de conduzir à realização pessoal. Em japonês, designam-se Gokai. Sendo eles: só por hoje, não se zangue, não se preocupe, expresse a sua gratidão, seja honesto e aplicado no trabalho e seja gentil com os outros.

Círculo de Reiki (ou: Corrente de Reiki): O nome alternativo da técnica japonesa "Reiki Mawashi".

Código de Ética: Um documento que busca expor os princípios e a missão ética de uma determinada profissão ou empresa. Seu conteúdo deve ser pensado para atender às necessidades que aquela categoria serve e representa.

Código Deontológico: Conjunto de práticas, posturas e normas de atuação para o profissional de uma área específica. Muitas vezes tem se confundido com o "Código de Ética".

Consciência de Reiki: Termo que retrata a percepção no Reiki a um nível mais profundo, que pode ser experienciado como uma manifestação direta da "Presença Espiritual". Seja está na visão teísta ser uma expressão do nosso próprio espírito ou similares, e nas panteístas do "Espírito Universal".

C

Contudo quando o Reiki é vulgarmente (ou superficialmente) percebido como uma forma de "ki" ou energia terapêutica isso tudo se perde no entendimento do método.

Corpo Energético: O corpo de energia produzido pelas práticas de refino da

essência. O corpo energético é parte integrante das práticas taoístas da imortalidade.

Crise de Cura: Resposta temporária, catártica ou regressiva que algumas pessoas poderão experienciar como parte do processo de cura (muita gente não chega a ter esta experiência).

Cura Magnificada (em inglês: Magnifield Healing): Introduzida pela primeira vez na Terra em 1983, Magnified Healing, (Cura Magnificada) é uma ferramenta que visa amor, cura e libertação. Segundo seus fundadores(as) antes essa cura era praticada apenas nas mais altas dimensões do universo por "Mestres Ascencionados". Como narram, em 1992 por incentivo e inspiração direta de Kwan Yin, Deusa Chinesa da Compaixão e Amor, a "Cura Magnificada" foi trazida em forma expandida através de Gisèle King e Kathryn Anderson, nos Estados Unidos da América.

Daichi: Palavra de origem japonesa. Pode significar primeiro filho, primeiro neto ou Grande Terra.

Dai Shihan: Termo japonês que é utilizado (em algumas correntes de Reiki japonesas) para nomear um nível acima do Shihan (professor). Nestas correntes, é preciso obter o nível de Dai Shihan para lhe ser permitido iniciar estudantes no nível Shihan. Dai Shihan é em diversas traduções referenciado como "Grão Mestre".

Dai Ko Myo: Também conhecido como o símbolo de Maestria ou Mestre, é um símbolo usado em quase todos os sistemas de Reiki. A tradução de Dai Ko Myo é muitas vezes chamada de "grande luz brilhante". O "símbolo" é na verdade as palavras Dai, Ko e Myo escritas em kanji, e o nome quer dizer literalmente "Natureza Iluminada" ou "Luz de Sabedoria Radiante" – a Irradiância de uma Deidade (Buddha, Bodhisattva, 'Vidyaraja', etc.).

simbolo Dai Ko Myo

Dan: Em sua tradução literal significa grau (no sentido hierárquico do termo). Foi desenvolvido inicialmente por Honinbo Dosaku para o jogo "GO" (jogo de soma japonês), e posteriormente desenvolvido e assimilado aos sistemas de artes marciais, sendo uma delas o judô. Exemplo disso é o nível Shodan que simboliza primeiro grau.

D

Dan Tien (em japonês: tanden): Originário de uma tradição chinesa e, em particular, dos taoístas, considera-se eles identificam três centros principais no ser humano. Esses centros, definido como Dan Tien (ou Tan Tien) estão localizados no umbigo (ou a algumas áreas centímetros abaixo dele), no coração e no centro da testa (também conhecido como o terceiro olho). Note-se que esses pontos não estão localizados em nível da epiderme, mas são bastante profundas, no centro do corpo. O Dan Tien da testa, por exemplo, está no centro da cabeça.

Dashu Ho: Um termo alternativo para o Uchite Chiryo Ho.

De'Carli, Johnny: Uma personalidade ilustre do Reiki, possuí uma dedicação fora do comum, é engenheiro de formação com aprofundamentos nas áreas terapêuticas e teológicas. Foi aluno de muitos professores memoráveis da história do Reiki. É autor de múltiplas obras, com dezenas de versões, além disto é um dos principais precursores do Reiki no Brasil, pesquisador ferrenho, trouxe diversas novidades e conteúdos históricos do Reiki para o mundo contemporâneo e como tal formou milhares de novos terapeutas e professores. Como professor desencadeou cursos de Reiki em universidades e é membro fundador do Instituto Brasileiro de Pesquisas e Difusão do Reiki.

Den: Termo de origem japonesa que possuí significado literal de "ensino, transmitir, passar, perpetuar, enviar". Por exemplo shoden que é primeiro ensino.

Denju: A popular iniciação, um processo de sintonização no fluxo intensificado de Reiki. Denju refere-se à "iniciação" no pleno sentido da palavra – incluindo a "sintonização" energética e os ensinamentos que a acompanham.

Dento Reiki (Ryoho): Literalmente simboliza o "Reiki tradicional". Além disto é um termo usado por alguns para indicar Usui Reiki Ryoho.

Dojo: O lugar onde o "Caminho" é praticado. Costumeiramente é um termo que designa local de treino de Artes Marciais, o termo original referia-se a um local de Meditação e de Busca de Disciplina Espiritual. O Centro de Treino de Usui Sensei era designado por dojo.

Do (Tao): O "Caminho" ou "Via". Uma visão filosófica/espiritual do destino a seguir.

Domo: Termo japonês que significa "obrigado", é empregado em situações informais. Se queremos ser mais formais, o ideal é dizer "Domo Harigato Gozaimas", que gostaria de dizer algo como o nosso "muito obrigado".

DKM: Abreviação do termo Dai Ko Myo. É muito usado para agilizar o processo de ensino teórico no Reiki.

Dumo: Um simbolo do mestre tibetano, ensinado na escola de William Lee Rand. Também é conhecido em outros sistemas de Reiki.

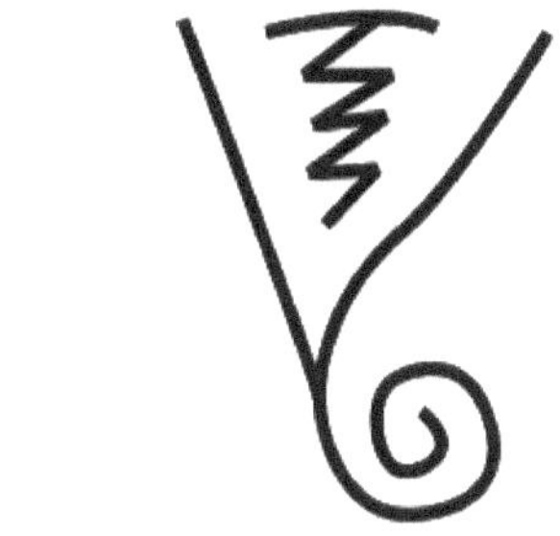

simbologia convencional do Dumo

Eguchi Te-No-Hira Ryoji: Modalidade de cura pela mão/palma, desenvolvida por Toshihiro Eguchi.

Eguchi, Toshihiro: Amigo e estudante de Usui Sensei, Toshihiro Eguchi publicou, em 1930: Te-no-hira Ryoji Nyumon ("Introdução à cura pela palma das mãos") e mais tarde, em 1954: Te-no-hira Ryoji Wo Kataru ("História da cura pela palma das mãos")

Empoderamento: O aumento de Poder no Reiki, sendo este para trazer reavivamento das funções energéticas. Pode atuar em todos os aspectos energéticos que o praticante souber reavivar.

Energia Ki (ou: Qi em chinês): Nomenclatura japonesa dada a uma energia que não é vista, mas que produz um efeito. É a energia do corpo humano em sua própria essência, sendo esta a energia de emanação do "Ki". Segundo a tradição chinesa possuímos 32 tipos diferentes.

Enkaku Chiryo Ho: Nomenclatura tradicional de uma técnica de envio de Reiki a distância, sendo traduzida como: "Método de Cura Remota (à distância)".

Escaneamento: Basicamente a varredura com o Byosen dos sintomas e situações do assistido pelo reikiano. Baseada na técnica Byosen Reikan Ho.

Espaço de cura: É o local/momento de experimentação de curas.

Ética do Reiki: Condutas e orientações para os professores e praticantes de Reiki, relacionadas a todas as práticas no Reiki.

Federação Espanhola de Reiki: Federação fundada com intuito de auxiliar nos conceitos éticos e parâmetros profissionais do Reiki na Espanha. Possuí registro vigente no país para poder ter a representatividade da prática.

Federaçao de Reiki do Reino Unido: Federação fundada com o objetivo de trazer o Reiki para o convencional, para que haja uma compreensão geral do que é o Reiki, como ele pode ajudar e como o treinamento pode ser melhor acessado.

França, Claudete: Segundo algumas fontes foi a primeira pessoa nascida no Brasil que recebeu treinamento completo de Reiki, tornando-se assim professora em agosto de 1988, em San Diego, estado da Califórnia nos Estados Unidos da América. Após desenvolveu como membro fundadora a Associação Brasileira de Reiki, qual ela pertencia com a regência completa de todas as atividades, muito similar a coordenação de Hawayo Takata. Por um bom tempo foi a única professora vigente que ministrava cursos.

Fukuju (ou: Fuku Ju): Frase usada por uns como o jumon (mantra) para o símbolo mental e emocional. Também é o nome de uma conhecida marca de *Sake!*. A frase traduz-se como: "a uma longa e feliz vida" ou, mais curto: "Saúde!".

Furumoto, Alice Takata: Filha de Takata Sensei. Alice é a responsável pela compilação do "Grey Book" (Livro Cinzento), qual foi composto após a morte de Takata. Além de ser mãe de Phyllis Lei Furumoto.

Furumoto, Phyllis Lei: Neta de Takata, qual foi coproprietária do escritório do Grão-Mestre da Reiki Alliance. Sua biografia resumida está presente no site da Reiki Alliance: "Phyllis Lei Furumoto, neta da Sra. Takata, cresceu no Centro-Oeste dos Estados Unidos. Foi Iniciada em Reiki na tenra idade. Era seu dever cuidar da sua avó quando ela ia visitar a família. Sua jornada consciente com o Usui Sistema de Reiki, Usui Shiki Ryoho, não começou até muitos anos depois. Depois de estudar psicologia na faculdade, Phyllis

F

trabalhou em um hospital psiquiátrico e, posteriormente, como um adminis-
trador de universidade. Com trinta anos, decidiu que era tempo para se

dedicar a um propósito significativo da vida e aceitou o convite para
viajar e

trabalhar com a avó. Foi iniciada no mestrado em abril de 1979 (...)"

Gainen: Literalmente significa "conceitos". É um termo usado no Reiki tradicional que se refere aos Princípios/Preceitos do Reiki.

Gakkai: Empregado para referenciar uma "Sociedade de estudo", um grupo de pessoas alinhadas, muito similar a associação como conhecemos nos moldes contemporâneos. Um exemplo é a Usui Reiki Ryoho Gakkai.

Gassho: Mudra ao qual delimita-se como gestos compostos pela colocação das mãos em posição de oração, frente à boca, as pontas dos dedos imediatamente abaixo do nariz. Pronunciado como "Gasso", acaba implicando diretamente no reconhecimento da unicidade com todos os seres. Este gesto é usado igualmente para mostrar reverência aos Budas, Bodhisattvas, Patriarcas, Professores e utilizado em diversas reiligiões. É utilizada em várias tradições budistas, em várias culturas asiáticas e no Reiki para expressar gratidão, reverência, orar e estabelecer intenções. A palavra "gasshō" significa "duas mãos unidas".

Gassho Kokyo Ho: O "Método de respiração Gassho", prática de "respirar" através das mãos quando colocadas em posição "Gassho".

Gassho Meiso: Literalmente significa "Meditação Gassho".

Ge Tanden: Termo para o significar Seika Tanden, uma variante. Ou seja, um "centro" ou área de energia localizada no imo da hara (barriga/abdómen).

Gedoku Ho: Técnica tradicional de desintoxicação, traduzida de forma direta como "técnica de desintoxicação". Este termo japonês é uma junção dos kanji´s *Ge*, *Doku* e *Ho*, onde respectivamente representam: Mais baixo/derrubar, veneno e método. Neste procedimento uma das mãos é colocada no seika tanden e a outra, no mesmo alinhamento, posta na zona lombar.

Gendai Reiki Ho: Sistema que tem por objetivo ser "Método Mo derno de Reiki", uma versão moderna do Reiki japonês, fundada por Hiroshi Doi. Este sistema combina alguns ensinamentos e técnicas tradicionais de Usui, com ensinamentos e técnicas de outras artes de cura pela energia, seja elas ocidentais e até orientas.

G

Genetsu Ho: Técnica tradicional com o objetivo de reduzir a temperatura elevada / fazer baixar a febre. Este termo japonês é uma junção dos kanji´s *Ge*, *Netsu* e *Ho*, onde respectivamente representam: Mais baixo/derrubar, febre e método. Muitas bibliografias referenciam como a cura para a febre.

Golpe de Misericórdia: A "aplicação final", uma Técnica do Usui Shiki Ryoho para o nível 2. Basicamente o mesmo procedimento que a Ketsu-eki Kokan-Ho.

Gokai (ou: Gokkai): Os Cinco Princípios, ou "Preceitos" designados de forma japonesa. Costumeiramente utilizados por fundamentarem os eixos da filosofia Reiki.

Gokai Sansho: Ato de recitar os Cinco Princípios/Preceitos do Reiki (sansho aqui refere-se a "três vezes"). Pois como se sabe a simbologia do número 3 nos mudras é amplamente difundida no oriente e logicamente no Reiki originalmente.

Gokukaiden: Basicamente significa "Transmissão dos Ensinamentos Secretos". Seu significado é baseado na composição dos kanjis envolvidos, que são: *Goku*, *Kai* e *Den*, onde simbolizam respectivamente, "Alto cargo/celestial/céu", "abençoado/totalmente iniciado" e "transmissão". É o nível de Professor no sistema de Reiki Gendai Reiki Ho.

Grão-Mestre: Título que foi criado pela "Reiki Alliance" para designar o responsável da organização. Ao decorrer do tempo começou a ser usado por outros locais e em alternativa, uma tradução livre do termo (usada em determinadas linhas de Reiki) que designa quem está autorizado a iniciar "Mestres", os Professor de Reiki.

Grade de cristal Reiki: Técnica que usa cristais dispostos de uma forma específica e carregada com a energia Reiki. Geralmente é ensinado ao terceiro nível em muitas escolas de Reiki ocidentais.

Gray, Beth: Mulher que foi iniciada por Takata no nível I em 1974 e no "Mestrado" em 28 de outubro de 1979, em Woodside, Califórnia. Segundo Fran Brown, Beth pode ter sido iniciada por John Harvey Gray no nível de Mestrado em algum momento, conveniência por serem casados. Foi ela quem levou Reiki para a Austrália. Beth também fundou o primeiro e maior centro de cura de Reiki nos Estados Unidos. Iniciou apenas dois mestres: Barbara McGregor, em Sydney, e Denise Crundall (que fez sua transição em 30 de junho de 2002), em Melbourne. As informações são de Amy Rowland, autora de "Traditional Reiki for Our Times". Beth veio a falecer no dia 13 de junho de 2008.

Gray, Jhon Harvey: Nascido em 10 de abril de 1917, se graduou em Reiki de 1974 a 1976, em Woodside, Califórnia. Ele foi o terceiro mestre iniciado por Takata. John também possuía uma carta escrita por Takata em 1977, constando uma lista dos "Mestres" que ela escolheu para continuar seu trabalho. Entre eles está John Harvey Gray. Ele foi o mestre ocidental que ensinou Reiki por mais tempo no Ocidente, deu mais de 700 cursos. Após a morte de Beth, John era casado com Lourdes Gray. Junto com Lourdes escreveu o livro: "Hand to Hand: The Longest-Practicing Reiki Master Tells His Story". E veio a falecer em 12 de janeiro de 2011.

Guias do Reiki (ou: Mentores do Reiki): Alguns praticantes acreditam em entidades/seres que participam e assistem aos tratamentos realizados pelos terapeutas.

Gumonji Ho: A "Meditação da Estrela da Manhã". Alguns afirmam que Usui Sensei estava a fazer esta meditação Budista em particular quando recebeu a "experiência Reiki", no Kurama Yama [não há registros que suportem esta afirmação].

G

Gyosei: Termo japonês que significa "administração", é um estilo de poemas japoneses, aos quais foram caligrafados pelo Imperador Meiji Tenno, dos mais de 100.000 escritos, tivemos 125 que foram selecionados por Usui para serem são recitados/cantados nas reuniões do Usui Reiki Ryoho Gakkai como exercício do auto aprimoramento. Tais poemas estão escritos num estilo conhecido como waka.

Gyoshi Ho: Termo japonês que é composto de dois kanjis, *Gyoshi* e *Ho*, onde o primeiro significa "olhar fixo/observar" e o segundo "método". Uma técnica tradicional que significa "Método do Olhar Fixo". Tem como objetivo usar a emanação energética ocular do reikiano, uma técnica de cura pelo olhar.

Hado Kokyu Ho: Técnica tradicional japonesa que objetiva a respiração, onde envolve entoar o som "Haaa" enquanto se expira. Usada para induzir o relaxamento, costumeiramente tem a atribuição de fazer elevar os níveis de vibração e melhorar o funcionamento do sistema energético. Seu significado é baseado na composição dos kanjis envolvidos, que são: *Hado*, *Kokyu* e *Ho*, onde simbolizam respectivamente, "onda/vibração", "respiração" e "método".

Hado Meiso Ho: Técnica contemporânea do sistema Gendai Reiki Ho, sua tradução literal é "Meditação da respiração Hado". Seu significado é baseado na composição dos kanjis envolvidos, que são: *Hado*, *Meiso* e *Ho*, onde simbolizam respectivamente, "onda/vibração", "meditação" e "método".

Hajimari: Termo japonês para "início".

Hamamoto, Kenji: Homem que inicialmente situava-se em Sapporo no Japão, Kenji Hamamoto passou a residir na Coreia do Sul, onde ensina Reiki Hekikuu (Céu Azul). Baseia-se na sua "compreensão e expressão" pessoal da arte terapêutica, onde possuí mais de duas décadas de prática. Primeiramente fez o treinamento de Reiki foi com Mieko Mitsui (que também ensinou Reiki a Hiroshi Doi e a Toshitaka Mochizuki). Estudou, depois, o Usui Shiki Ryoho através de uma aprendizagem com a Reiki Alliance. Mais tarde, treinou-se em Reido Reiki e, ao longo dos anos, tem estudado com uma série de outros Mestres de Reiki japoneses.

Hanshin Chiryo Ho: Técnica tradicional que significa "Método de tratamento de meio-corpo". Seu significado é baseado na composição dos kanjis envolvidos, que são: *Han*, *Shin*, *Chiryo* e *Ho*, onde simbolizam respectivamente, "metade", "corpo", "tratamento" e "método".

Hanshin Koketsu Ho: Técnica tradicional que significa "Método de purificação do sangue de meio-corpo". É basicamente uma versão do Ketsueki Kokan-Ho. Seu significado é baseado na composição dos kanjis envolvidos, que são: *Han*, *Shin*, *Koketsu* e *Ho*, onde simbolizam respectivamente, "metade", "corpo", "mistura/mudança de sangue" e "método".

H

Hara: Literalmente significa "ventre". É a área considerada entre o topo do osso púbico e a base do esterno. No pensamento japonês, o *hara* é onde concentrado o *ki* individual, a sua força vital.

Hara Chiryo Ho: Termo que simboliza "Tanden Chiryo Ho".

Harukanaru Taiga: Termo japonês para "grande rio".

Hatsurei Ho: Junção de diversos termos, que significam **"gerar/invocar"** (*Hatsu*), "espírito" (*Rei*), "método" (*Ho*). O conjunto de técnicas Ki-jutsu primárias que se diz que Usui Sensei terá ensinado como forma de auto-ajuda no desenvolvimento pessoal. Contudo, há uma boa possibilidade de que Hatsurei-Ho tenha sido, inicialmente, criado para ser usado unicamente como um ritual durante o qual o aluno recebia reiju.

Hayashi, Chie: Nasceu em 1887 é Esposa de Chujiro Hayashi, Chie aprendeu Reiki com o marido Chujiro, recebendo a iniciação no nível de Professora em 1936/7.

Hayashi, Chujiro: Nascido em 1880 foi Comandante retirado da Reserva Naval Japonesa, além de Médico e estudante de Usui Sensei. Acabou falecendo em 1940, e deixou um grande legado no Reiki, sendo um dos precursores do Reiki ocidental. Em 1930, Chujiro Hayashi começou a alterar a sua abordagem ao Reiki (presumivelmente para o aproximar do seu próprio entendimento clínico, metodologia e prática) e prosseguiu no sentido de estabelecer o Hayashi Reiki Ryoho Kenkyukai.

Hayashi Reiki Ryoho Kenkyukai: Associação de Pesquisa de Tratamento de Hayashi Reiki. Fundada em 1931 por Chujiru Hayashi. Após a sua morte, a sua esposa, Chie, tomou conta das atividades da clínica Hayashi Reiki Ryoho Kenkyukai.

Heikikuu Reiki: Reiki Heikikuu (tradução literal: "Céu Azul") é o nome atribuído por Kenji Hamamoto à sua "compreensão e representação" pessoal da arte da terapia, baseada em quase duas décadas de prática. O Reiki Heikikuu está fortemente influenciado por elementos da "Espiritualidade Popular" japonesa, com ampla utilização de simbologias, iconoplastia e adendos culturais.

Heso Chiryo Ho: Técnica de equilíbrio-energético aplicada no centro do corpo com o dedo médio. Seu significa demanda dos kanjis: *Heso, Chiryo* e *Ho*, onde significam: "umbigo", "tratamento" e "método". Considera-se ter um efeito benéfico nos rins.

Hibiki: Termo japonês que em sua tradução literal representa uma "reverberação". Ou seja, a sensação nas mãos do reikiano, cuja natureza indica a presença e estado de uma doença. Estas sensações podem vir a ser de vários gêneros, dependendo muito do reikiano.

Hikari No Kokyu Ho: Método tradicional denominado "sopro de luz", é uma variante do Joshin Kokyo Ho. Seu significado é baseado na composição dos kanjis envolvidos, que são: *Hikari, Kokyu* e *Ho*, onde simbolizam respectivamente, "luz", "respiração" e "método".

Hikari No Naka: Significa diretamente, "dentro da luz/nessa luz". Seu significado é baseado na composição dos kanjis envolvidos, que são: *Hikari, No* e *Naka*, onde simbolizam respectivamente, "luz", "na/da" e "dentro".

Hikari No Mai: Seu significado é baseado na composição dos kanjis envolvidos, que são: *Hikari, No* e *Mai*, onde simbolizam respectivamente, "luz", "na/da" e "dança". Significando "dança da luz".

Hikari No Sono: Seu significado é baseado na composição dos kanjis envolvidos, que são: *Hikari, No* e *Sono* onde simbolizam respectivamente, a"luz", "na/da" e "fonte". Significando "fonte da luz".

Hikari To Kage Hiten: Significa diretamente, "nuvem brilhante voadora". Seu significado é baseado na composição dos kanjis envolvidos, que são: *Hikari, To, Kage* e *Hiten*, onde simbolizam respectivamente, "luz", "e" "sombrio/sombra" e "céu voador".

Hikkei: Termo japonês que em sua tradução literal significa "companheiro" que venha a ser um caderno ou manual. Este termo é empregado quando alguém se refere aos manuais tradicionais do Reiki.

H

Hio Yin: Se refere a um símbolo do sistema Shuey Pura, o qual é para resgate de seres em regiões umbralinas e ajuda no processo de desencane.

Ho: Significa "método" ou "técnica", utilizado como anexo de outras palavras no japonês. Como por exemplo "Chiryo-Ho".

Homens Chho Reiki (ou: Medicina Dharma Rei Kei): Este termo denomina um sistema de três níveis, que deve ser embasado nos ensinamentos das anotações de Usui, cartas a seus alunos e algumas das raras e ensinamentos budistas secretos que ele estudou. Aos quais inclui "O Caminho da Raio de Luz Transcendente que Cura o Corpo e Ilumina o Corpo e Mente". Seu fundador foi Lama Yeshe Drugpa Thrinley Odzer, um ex-padre budista de Shingon e conselheiro espiritual do Instituto Chhos Rei Kei.

Hon Sha Ze Sho Nen: Nome do terceiro símbolo do sistema Reiki idealizado inicialmente por Mikao Usui. É em algumas linhas ocidentais, designado por símbolo "distante". Porém, em algumas correntes japoneses do Reiki não é ensinado como sendo um símbolo "distante", antes como pertencendo às faculdades mentais. Além disso é o conjunto das palavras Hon, Sha, Ze, Sho e Nen, escritas em kanji. Onde representam respectivamente: essência/causa, vir a existência, harmonizar, corretamente/justo, o coração dos pensamentos. Logo, podemos definir esta frase mais claramente como "o pensamento/consciência correta é a essência do Ser".

Hosak, Mark: Nascido em 25 de abril de 1972, já estava interessado em espiritualidade e na Ásia Oriental em sua infância e, desde os 13 anos. Durante seu serviço civil em 1993, ele teve seu primeiro contato com o Reiki. Seu primeiro professor de Reiki o encorajou a estudar caligrafia e, devido ao seu conhecimento japonês se aprofundou adorou essa caminhada do conhecimento. Acabou engrenando na Universidade de Heidelberg, onde estudou História da Arte do Leste Asiático e Estudos Japoneses, e ao conseguir um intercâmbio por quase três anos estudou na Universidade de Kyoto no Japão. No Japão, ele descobriu a origem do símbolo de cura mental em um templo budista e, a partir de então, seu professor japonês o recomendou à consagração a um monge para o treinamento apropriado, participando de rituais em templos e em uma peregrinação budista de 1200 anos de idade chamada "Os 88 templos de Shikoku". Após adquirir estes conhecimentos e antes também, publicou obras de grande valia para o Reiki, quais parte delas tinha colaboração de outras ilustres personalidades. Ao decorrer do tempo desenvolveu um novo método/sistema que chamaria de Shingon Reiki.

Após seguiu pesquisando mais profundamente as fontes do Reiki e dirige seu Instituto Shingon.

HSZSN: Abreviação do símbolo Hon Sha Ze Sho Nen.

Ibuki Ho: Técnica tradicional de Respiração.

Ichi Sekai Reiki: Nomenclatura para definir o sistema de quatro níveis, que foi iniciado por Andrea Mikaha-Pinkham, a qual ela se denomina Grão-Mestre Reiki. É união do Usui Reiki primeiro e segundo nível e do Johrei Reiki, mas com diferentes formas de sintonização e uma sintonização adicional do coração desenvolvida também por Andrea.

Imara Reiki: Termo que se refere aos sistemas de Reiki, segundo alguns professores tem uma sensação ligeiramente diferente do Reiki. Foi desenvolvido por Barton Wendel e Dawn Rothwell atuante como presidente de Reiki Rays Institute. Entre suas principais características este não necessita símbolos e usa um processo diferenciado de iniciação a maioria dos cursos. O significado de *"imara"* é "mais", logo temos "mais Reiki".

Imperador Meiji Tennō: Nascido em 3 de novembro de 1852, em Quioto, foi o Imperador do Japão entre 1867 e 1912. Durante o seu império operou uma transformação radical no país, que de nação feudal passou a ser uma das maiores potências mundiais. Ao longo da sua vida compôs mais de 100.000 waka´s, que serviriam mais tarde de inspiração a Mikao Usui e aos seus alunos.

Inamoto, Hyakuten: Foi um sacerdote budista "independente", aprendeu Jikiden Reiki com Chiyoko Yamaguchi, e agora ensina o que designa por Komyo Reiki. Como muitos outros, Hyakuten sustenta que os ensinamentos originais de Usui se concentraram no desenvolvimento espiritual, e que qualquer cura que ocorreu foi meramente considerada um efeito colateral desse crescimento espiritual.

Independent Reiki Masters: Termo em inglês que significa "mestres de Reiki independentes". Foi originalmente criado para designar os Mestres que não pertenciam nem à Reiki Alliance, nem à Associação Americana de Reiki, antes pretendiam "seguir o seu próprio caminho".

I

Mas vem sendo empregado em qualquer ministrante de Reiki que porventura não adote uma associação, sendo utilizado na tradução do respectivo idioma tratado.

Iniciação: Processo iniciático de harmonização que você usa para trabalhar um novo reikiano, com sua presença fisicamente e/ou não fisicamente presente.

Iniciação à distância: Iniciação ou harmonização que você geralmente usa símbolos do sistema de Reiki ao qual se realiza o curso, e assim trabalhar com um destinatário não fisicamente presente.

Inochi No Izumi: Significa diretamente, "fonte de vida". Seu significado é baseado na composição dos kanjis envolvidos, que são: *Inochi*, *No* e *Izumi*, onde simbolizam respectivamente, "vida", "na/da" e "fonte/mola".

Instituto Flor de Lis: Fundado em 2001 na região sul do Brasil, é uma ONG (Organização Não Governamental) que atua com voluntariado terapêutico e afins. Tem como frente o Projeto Luz do Reiki, uma atividade precursora do ramo no país, qual leva Reiki a instituições filantrópicas como asilos, orfanatos, hospitais, instituições que abrigam deficientes mentais e de apoio a saúde. Além deste, possuem na área do Reiki o Irradiando Luz, qual gere atendimentos sérios de Reiki a distância, no total os projetos computam milhares de pessoas atendidas. Contudo, também tem frentes em outras áreas terapêuticas e de assistência social.

In-Yo: Símbolo japonês com importância central para a arte curativa de Tenchi Seiki Te-Ate. Costuma estar composto pelo disco solar e pela lua crescente, com o caractere kanji: tora (ou: ko) 'tigre' à esquerda e o caractere kanji: tatsu (ou: ryo) 'dragão' à direita. O tigre é simbólico da natureza, da terra e da fisicalidade; o dragão representa o cosmos, o céu e a espiritualidade. Também temos o Sol e Lua, Céu e Terra, Cosmos e Natureza, Fisicalidade e Espiritualidade. Logo a junção representa essencialmente a interação dinâmica de toda a existência, a interação entre forte e suave, tensão e relaxamento, inspiração e expiração, atividade e descanso, vigília e dormindo.

Um estado de 'harmonia criativa' ou 'equilíbrio dinâmico' (contrário ao equilíbrio no sentido estático de "nivelamento". Pode ser considerado equivalente ao Yin-Yang chinês.

simbologia tradicional do In-Yo

Iron Reiki: Ferramenta do Bushido Reiki, que utiliza elementos de esgrima japonesa (kenjutsu) e de outras artes marciais para captação e transmissão da energia Reiki, orientado para a cura, poder e desenvolvimento espiritual.

Irradiação: Método de tratamento de Reiki sem contato. Difere do tratamento à distância; o paciente está presente (ou seja, visível). O reikiano(a) mantém-se a uma certa distância do paciente e envia-lhe o Reiki emanando/emitindo por "raios" de Reiki.

Ishikuro, Iris: De acordo com a filha de Iris e com um antigo panfleto de Reiki, ela fez o nível I em 1968 e tornou-se mestre, com Takata, em novembro de 1976. Takata disse a ela que iniciasse apenas três pessoas no nível de Mestrado, mas elas só inicou dois: sua filha e Arthur Robertson. Iris foi trei nada por Hawayo Takata por US$ 10.000 e ela disse a Arthur, 15 anos depois (mais ou menos em 1983) que nunca cobrasse aquela quantia para que o público tivesse condições de pagar os cursos. Arthur cobrava US$ 600 para formação de Reiki o nível de "Mestrado".

I

A filha de Iris alega que Arthur fez muitas mudanças no sistema de Reiki. Arthur disse que Isis ensinava os níveis I e II juntos e disse a ele para fazer o mesmo. Segundo a filha de Isis, a mãe não tinha parentesco com Takata. Qual veio a falecer em 1984.

Jaki Kiri Joka-Ho: Técnica de "limpeza energética" de objetos inanimados. Seu significado é baseado na composição dos kanjis envolvidos, que são: *Jaki, Kiri, Joka* e *Ho*, onde simbolizam respectivamente, "energia negativa", "cortar", "purificar" e "técnica/método". Jamais deve ser utilizada em seres animados, sendo eles pessoas, plantas ou animais. A similaridade desta técnica com outras faz parecer derivar de uma prática mais envolvente designada por "Ki Barai".

Jinlap Maitri Reiki: Nomenclatura para definir um sistema de cinco níveis também é conhecido como Reiki Tibetano, foi desenvolvido por Gary Jirauch para seguir o curso de Karuna Reiki. Segundo ele: "Reiki tibetano na tradição do Buda da Medicina". As recomendações principais é que após o curso de Reiki pode seguir como curador se aprofundando neste sistema. Ao qual possui 25 símbolos e inclui técnicas como terapia meridiana e liberação de trauma.

Jikiden Reiki: Significa "ensinamento original" de Reiki ou Reiki "ensinado diretamente". É uma via de Reiki japonesa agora ensinada por Tadao Yamaguchi cuja mãe, Chiyoko Yamaguchi, foi aluna de Chujiro Hayashi. Mas aos poucos muitos outros Shihan´s Kaku vem sendo formados para este fim.

Jiko Joka-Ho: Prática de auto-purificação do sistema Gendai. Seu significado é baseado na composição dos kanjis envolvidos, que são: *Jiko, Joka* e *Ho*, onde simbolizam respectivamente, "auto", "purificar" e "técnica/método".

Jisshu Kai: Termo com origem japonesa, significa "encontros de treino/prática".

Jikukan: Significa literalmente "viagem no tempo". Utilizado em anexo com outros termos para significar algo relacionado no tempo-espaço.

Jiyu Eno Kakehashi: Termo japonês que significa "ponte para a liberdade".

J

Jing: Termo japonês que significa a "essência", ou seja, a parte mais significativa, o "coração" ou a "alma". No caso especifica às técnicas taoístas de saúde e imortalidade, a "essência" é a parte refinada e condensada da energia do indivíduo e, como tal, possui todas as características mais salientes do próprio indivíduo, ou a matriz de sua "individualidade" ou identidade.

Jo Tanden: Um "centro" de energia ou área localizada no centro da cabeça, entre os olhos. Sua fundamentação é interpretativa do sistema tradicional de anatomia sutil japonesa. É um termo usado de forma alternativa com o mesmo significado do *"Kami Tanden"*

Johrei: Termo de origem japonesa, uma palavra composta pelos ideogramas: 浄 "Joh" (purificar) e 靈 "Rei" (espírito). Em síntese, significa "purificação do espírito". É um método de imposição mãos, que foi desenvolvido por Meishu Sama, fundador da Igreja Messiânica Mundial, onde a técnica é normalmente exercida. Segundo acreditam seus praticantes, é capaz de levar a "Luz Purificadora de Deus" às pessoas que o recebem e o ministram. Ela visa a eliminação das máculas (pecados) que estão no espírito das pessoas que praticam, advindas de maus pensamentos, más palavras e más ações, através da purificação permitida pelo Johrei. Dentre seus símbolos e significados temos o "Dai ko myo" como o mais comum do gênero encontrado tanto no Reiki como no Jhorei.

Johrei Reiki (ou: Jo Reiki): Nome dado a um sistema, qual parece ter sido desenvolvido a partir de uma combinação com Raku Kei Reiki e da religião Johrei, realizado por um homem chamado Jim Davis nos EUA. Inicialmente ensinou como um nível, mas era o equivalente a passar do primeiro grau ao mestrado em um fim de semana. A Johrei Fellowship não a reconhece e tem marca registrada o nome Johrei para que seja proibido qualquer uso não autorizado. É, portanto, provável que esse sistema não esteja mais sendo ensinado.

Joshin Kokyo Ho: Técnica de respiração de limpeza utilizada para estimular,

fortalecer e purificar o fluxo de Reiki. É uma componente de Hatsurei Ho, além disso considera-se como uma técnica variante do Hikari No Kokyu Ho. Seu significado é baseado na composição dos kanjis envolvidos, que são: *Joshin*, *Kokyu* e *Ho*, onde simbolizam respectivamente, "parte superior do corpo", "respiração" e "técnica/método".

Jumon: Termo japonês que significa literalmente "feitiço", nada mais é do que um mantra ou evocação sagrada. É vulgarmente usado para se referir ao nome que acompanha cada símbolo de Reiki (por exemplo, Choku Rei, Hon Sha Ze Sho Nen, etc), indicando que o nome é, também, o mantra do símbolo. Contudo, em certas escolas ou correntes de Reiki, foram dados nomes alternativos a alguns dos símbolos e um jumon (mantra) separado, que é entoado em lugar do nome do símbolo.

Kaicho: Foi um dos Presidentes da Usui Reiki Ryoho Gakkai.

Kahuna: Termo que se refere a uma técnica de "cirurgia energética" de origem havaiana, onde foi inserida nas técnicas ensinadas no nível 3A do método de Reiki Usui Tradicional. Seu significado literal é "guardião do segredo", pois consiste em um ritual para retirada do mal físico. Em algumas vezes visualizamos a materialização do mal retirada do local tratado. É conhecida popularmente como "cirurgia kahuna". Considera-se um tratamento espiritual pelo fato de retirarmos do físico, sem cortes, a causa a doença.

Karakhoto No Genso: Significa literalmente "lua de prata".

Kami Tanden: Um "centro" de energia ou área localizada no centro da cabeça, entre os olhos. Sua fundamentação é interpretativa do sistema tradicional de anatomia sutil japonesa. Muitas vezes referenciado como *"Jo Tanden"*.

Kanboku: Termo usado por Yuji Onuki (estudante de Toshihiro Eguchi) para designar os símbolos de Reiki.

Kansha: Palavra japonesa que significa literalmente "gratidão". Além de uma palavra vem a ser um hábito cultural e filosófico de levar a vida, pois simboliza o "espírito da gratidão".

Kanji: Nomenclatura dos caracteres originalmente chineses, quais vieram a ser usados e/ou alterados para se escrever em japonês. Toda a escrita japonesa tradicional segue esta metodologia.

Kantoku: Nome dado ao estado místico de iluminação. Pode vir a ser alcançado por práticas de disciplinas restritas ascéticas que incluem o jejum, o isolamento, a meditação e o uso de encantamentos, além de técnicas como os mudras.

Karuna: Termo do sânscrito, que significa literalmente "compaixão".

Karuna Ki: Seu significado é a "energia do coração compassivo". Esta é uma linha de Reiki desenvolvida por Vincent (Vinny), foi baseada no Tera Mai e Karuna Reiki, incluí elementos adicionais baseados na prática de Raku Kei Reiki.

K

Karuna Reiki: Sistema de Reiki desenvolvido por William Lee Rand e a associação Centro Internacional de Treino de Reiki, é baseado fundamentalmente em seu início no Sai Baba Reiki. O termo "karuna" é uma palavra sânscrita pode ser traduzida como "ação compassiva" ou "compaixão em ação".

Kay, Yamashita: Foi uma das irmãs de Hawayo Takata. É importante notar que foi iniciada antes de qualquer um dos outros. Assim, embora acredite-se que Virginia Samdahl foi a primeira, ela técnicamente foi a segunda. Em livro escrito por dois alunos de Virginia Samdhal, intitulado ¨O Manual do Reiki¨, eles dizem que Virginia foi a primeira "mestre" de Reiki ocidental. Takata não contava ela ou não fazia sentido contar. Em uma carta datada de 1977, Takata afirma que vai se aposentar a partir daquela data. Ela afirma que, "Eu criei três mestres de Reiki para continuar este trabalho nobre" e cita os mestres John Gray, Virginia Samdahl e Ethel Lombardi. Kay Yamashita não é mencionado nessa carta. Os mestres John Harvey Gray e Lourdes Gray, dizem no livro ¨Hand to Hand: The Longest-Practicing Reiki¨, página 178: "Meu primeiro treinamento em no mestrado de Reiki estava aprendendo o procedimento e iniciações para o Nível I. Takata tinha que voltar para o Havaí. Antes de sair, ela me disse: ¨Quando eu voltar em três meses eu vou lhe iniciar no Nível II. 'Bem', eu respondi: ¨Eu já paguei a taxa padrão para o mestrado. Que vai acontecer se você morrer? Takata ficou perturbada e com raiva. "Minha irmã nas ilhas havaianas conhece o processo e poderia treiná-lo se eu morresse", disse ela. Ela então me deu a informação de contato para sua irmã". Isto mostra claramente que Kay Yamashita era mestre de Reiki antes dos outros, mas não explica por que Takata não "contou" Kay como mestre de Reiki em sua carta de aposentadoria de 1977.

Kenyoku Ho: Termo que significa "método de lavagem a seco". É essencialmente, uma técnica de limpeza da aura. Tem utilização sendo um dos dispositivos do Hatsurei Ho.

Kenkyo Kai: Termo que se refere as reuniões organizadas pela Usui Reiki Ryoho Gakkai.

Kenzon No Gebri: Significa diretamente "princípios de cura / o caminho para a saúde", é o título de um livro de Dr. Bizan (ou Miyama) Suzuki. A edição de 1915 deste livro contém a advertência: "Só por hoje, não me zango, não receio, esforço-me, sou honesto e gentil para com os outros". Analisando se pode concluir com quase certeza que é advinda da fonte direta do Reiki (dos *gokai*).

Ken Reiki Do: Se refere a um sistema de Reiki, qual foi criado com bases no sistema de Reiki Usui Tradicional, mas constituído com cerca de 90 símbolos próprios acessados durante sintonizações e contatos com seres desencarnados, e incorporados à uma espada japonesa, consagrada através de processo iniciático. Sua terminologia deriva de *Ken*, uma palavra de origem japonesa que significa "espada", e o *Do* é "caminho". Logo *Ken Reiki Do* é, portanto, "O Caminho do Reiki com Espada ".

Ketsueki Kokan Ho: Com bases japonesas, este termo significa "técnica de troca de sangue", ou seja, é uma técnica de limpeza do sangue. A versão usada nos sistemas de Reiki ocidental é frequentemente designada por técnica do "acabamento" ou do "bálsamo" ou "ataque/golpe de nervos". Seu significado é baseado na composição dos kanjis envolvidos, que são: *Ketsueki*, *Kokan* e *Ho*, onde simbolizam respectivamente, "sangue", "alterar/trocar/substituir" e "técnica/método".

Ki (ou Qi em chinês): Significa literalmente energia vital de cada indivíduo, e isso vem de sua natureza particular e profundidade de autorrealização. O significado etimológico do ideograma "ki" (氣) na sua forma tradicio nal mais conhecida é uma imagem do "vapor (気) subindo do arroz (米) enquanto este é cozido". Em sua origem possuíra outros significados, mas no Reiki sua principal função limita-se ao etimológico apresentado.

Ideograma/kanji japonês da palavra "Ki"

Kihon Shisei: Posição de início no Hatsurei-Ho, significa em sua tradução literal "fundação/postura de base". O ideal é executar sentando-se na postura seiza japonesa tradicional, com os olhos fechados e a atenção direcionada no seika tanden. Seu significado é baseado na composição dos kanjis envolvidos, que são: *Kihon* e *Shisei*, onde simbolizam respectivamente, "fundamental/base" e "postura/atitude".

Ki-jutsu: Seu significado literal é "artes energéticas", é um termo coletivo que designa as disciplinas japonesas relacionadas com o desenvolvimento, fortalecimento e refinamento das energias vitais, ou seja, o "ki".

Kikai Tanden: Termo alternativo para o *"Seiken Tanden"*. Nada mais é do que um "centro" ou área de energia localizada no imo do *hara*.

Ki Ko: É uma nomenclatura "moderna" para a arte chinesa do Chi Gung (Qi Gong).

Kiko: Técnica que foi levada ao arquipélago japonês por viajantes chineses, e acabou por se mesclar com as técnicas locais de condicionamento físico e artes de luta, sendo um dos princípios fundamentais do caratê tradicional. A técnica é baseada nos ensinamentos de Bodhidharma, ou Daruma. A princípio trata-se mais de um método para aprimorar a saúde (física e mentalmente), por intermédio do correto e sereno fluxo do *Ki*, desenvolvendo-se nos exercícios rotineiros, consistindo estes em formas de respiração abdominal. Além disso pode ser usado para melhorar a eficiência dos golpes de luta. Segundo alguns autores, Mikao Usui foi Shihan Kaku desta técnica, onde atuou antes do Reiki.

Kiriku: Significa o "emblema espiritual" do buda Amida Butsu, e provavelmente a origem do segundo dos quatro símbolos do Reiki tradicional japonês, o "*Sei Heki*". Sua pronúncia é mais ou menos assim: k'rik e k'lik.

King, Dave: Foi uma personalidade que em conjunto com Melissa Riggal promoveu um novo sistema denominado Usui-Do, qual alegam que é "uma autêntica reconstrução" do "sistema espiritual meditativo" de Mikao Usui. Dave relatava ter conhecido diversos alunos de Hayashi, e foi aluno de Yuji Onuki, um dos alunos de Toshihiro Eguchi.

Koi: Terno japonês que significa "amor/paixão", ou seja, um amor de atração. Sendo assim é um primeiro estágio do relacionamento. Este kanji se relaciona corriqueiramente com "*Kokoro*".

Koyama, Kimiko: Foi o sexto presidente da Usui Reiki Ryoho Gakkai. Acabou falecendo em 1999.

Koketsu Ho: Termo de origem japonesa que significa "método de purificação do sangue". Seu significado é baseado na composição dos kanjis envolvidos, que são: *Ko, Ketsu* e *Ho*, onde simbolizam respectivamente, "mistura/mudança", "sangue" e "método".

Koki Ho: Técnica cujos termos tem origem japonesa, os quais significam "método de expiração". Sua composição é feita por *Koki* que significa "soprar" e *Ho* que é "técnica". É uma técnica de cura com a respiração. Na lei-

K

ura original se pronúncia "coquírrô". (nota: não é o mesmo que o koki "segundo termo" tal como usado no Okuden-koki).

Kokyu Ho: Método de fortalecimento da respiração. Esta técnica veio diretamente sendo utilizado no Usui Shiki Ryoho, para fortalecer a respiração quando se faz a sintonização. Por vezes designado por "adoçar a respiração". Este termo é empregado como uma respiração de ascensão e renovação, com sintonia no ambiente em algumas outras práticas, como por exemplos artes marciais japonesas. Seu significado é baseado na composição dos kanjis envolvidos, que são: *Kokyu* e *Ho*, onde simbolizam respectivamente, "respiração" e "técnica/método".

Kokoro: Termo japonês que significa literalmente "coração", também pode vir a significar "espírito/vontade/mente". Enfim, é um termo originário da china, e sua etimologia remete a significação das propriedades indivisíveis dos indivíduos.

Komyo Reiki: Um sistema de Reiki desenvolvido por Hyakuten Inamoto. É baseado no Reiki Jikiden, que Inamoto aprendeu com Chiyoko Yamaguchi. O Reiki Komyo coloca a ênfase na transformação espiritual do indivíduo, ao qual é o popular "Satori". Este estado seria atingido através da prática de Reiki, além disso o sistema mantém os ensinamentos originais de Usui Sensei focados no desenvolvimento pessoal, onde qualquer cura que se concretize será meramente considerada um efeito secundário do crescimento espiritual.

Kondo: Foi o sétimo presidente da Usui Reiki Ryoho Gakkai, qual assumiu no ano de 1999 com o falecimento de Kimiko Koyama.

Koriki: Símbolo "não tradicional" e mantra ensinado no nível 1 do Reiki Reido. Koriki refere-se à "força da felicidade" ou "poder da felicidade". Diz-se que traz grande paz e serenidade. Sua origem tem uma história curiosa, segundo Fuminori Aoki, este símbolo foi "recebido" em comunicação mediúnica direta com o Sensei Usui. Ele é composto de dois kanjis japoneses (felicidade e força) e segundo alguns sensitivos possuí a cor rosa.

simbolo koriki segundo Aoki, Fuminori

Koriki (segundo significado possível): Termo budista que se refere ao "poder espiritual" ou "poder meritório" alcançado pelo caminho das práticas de disciplinas como rituais, meditação ou veneração, podendo ser ajikan (meditação do siddham da letra A), nembutsu (cântico de "Namu Amida Butsu"), nyorai kaji, ascetismos shugyo, etc. Apesar da simil-ridade, este "koriki" não se escreve no mesmo kanji que o "koriki" usado no Reiki Reido.

Koshin Do Mawashi: Método do "Círculo de Reiki". Este é um segundo nome empregado para o Reiki Mawashi.

Koten Hanno: Terminologia japonesa para designar a popular "Crise de Cura".

Kotodama: Termo japonês que significa literalmente "espírito da palavra". É originado no seio de Shinto, um elemento primário que envolve a entoação de sons sagrados (tanto as sílabas como o som das vogais individuais). Seu significado é baseado na composição dos kanjis envolvidos, que são: *Koto* e *Dama*, onde simbolizam respectivamente, "palavra/linguagem" e "espírito/alma".

Kū (ou: Sora): Termo japonês que na maioria das vezes é traduzido como "vazio/éter", mas também significando "céu" ou "paraíso", representa as coisas além de nossa experiência cotidiana, especialmente aquelas compostas de pura energia. Corporalmente, kū representa o espírito, o pensamento e a energia criativa. Representa nossa capacidade de pensar e se comunicar, assim como nossa criatividade. Kū é de particular importância, como o mais elevado dos elementos.

Kuboi, Harry Masami: Ele foi o sexto mestre de Reiki iniciado por Hawayo Takata, em abril de 1977. Em 1976, Takata ofereceu Harry a chance de se tornar um "Mestre" de Reiki, mas ele esperou um ano para decidir se isso era o que ele queria fazer. Escreveu dois livros sobre Reiki: *"All of Reiki, Book One"* e *"All of Reiki Book Two"*. Segundo ele se aposentou do ensino de Reiki no dia 4 de junho de 2002.

Kundalini: Termo derivado do sânscrito que significa literalmente "enrolado(a) como uma cobra". É a força dinâmica e vital que, representada na forma de uma cobra enrolada, dormindo na área sacrococcígena. Sendo despertada por práticas lógicas, iniciáticas ou similares. Sua interpretação costuma ser alinhada a ótica de anatomias sutis como chacras e nadis.

Kurama Yama: Monte localizado no norte da cidade de Kyoto, seu significado é "Montanha (Yama) da Sela do Cavalo (Kurama)". É considerada uma montanha sagrada onde se diz que Usui Sensei experienciou o Reiki pela primeira vez. É também o berço da arte, literatura, religiosidade, lendas e diversas histórias da cultura japonesa, sendo assim um marco social e cultural inestimável.

Leiki: Pronúncia japonesa da palavra Reiki. Na língua japonesa não existe o som "R", logo o som identificado como "R" em "Reiki" é uma espécie de junção de "R" com "L". Nos seus diários, Takata não escrevia "Reiki", mas sim "Leiki".

Leiki: um Memorial a Takata Sensei: Nome do "Livro Cinzento", desenvolvido por Alice Takata Furumoto, filha da Sensei Takata.

Lighterian Reiki: Se refere a um dos sistemas de Reiki, segundo seus atuantes foi criado por Buddha em 1999, trazendo os "seis níveis vibracionais mais altos" de energias Reiki que ficaram muito tempo indisponíveis a humanidade. Cada um dos níveis tem seu próprio treinamento, sintonização e processo de certificação. A condição prévia para você se tornar um professor de Lighterian Reiki é você ser um ministrante de Reiki Usui. Os seis níveis foram organizados em quatro níveis de treinamento.

Linhagem: Lista dos antecessores do Reiki de uma determinada pessoa, ou seja, os Professores de Reiki em formato de árvore genealógica do respectivo sistema aprendido. É um consenso quase universal que para seguir o Reiki como conhecemos deve-se possuir nesta linha cronológica como primeiro membro o Usui Sensei.

Livro Cinzento: Livro derivado do compilado feito pela filha da Sensei Takata, Alice Takata Furumoto, em 1982. O "Livro Cinzento", mais propriamente chamado "Leiki: um memorial a Takata-sensei", foi apresentado aos alunos da Sensei Takata com nível de Mestre e, entre outras coisas, inclui rudimentos dos escritos dela. Além de possuir uma cópia do seu Certificado de Reiki (exercido no Havaí) e uma cópia do "Ryoho Shishin" de Hayashi Sensei.

Lombardi, Ethel: Ela foi a segunda "Mestra" Reiki iniciada por Hawayo Takata, em 1976. Acabou criando um sistema de cura chamado Mari-El. Acredita-se que o sistema de Mari-El de cura não é mais ensinado. Ela mesma parou de ensinar Mari-El e começou a ensinar um sistema chamado "The Next Step". Veio a falecer em 14 de outubro de 2009, aos 86 anos.

L

Lübeck, Walter: Uma personalidade muito requisitada, é professor de Reiki desde 1988. Ministra cursos por todo o mundo, entre outros, o sistema de Reiki Arco-Íris, desenvolvido por ele mesmo. A sua diversificada formação em terapias permite-lhe unir as diversas valências para ajudar os seus alunos a progredirem no seu caminho individual. É autor de obras ilustres, quais temos importantíssimas que publicou com outros grandes autores de Reiki.

Magalhães, João: Uma personalidade ilustre do Reiki, possuí uma dedicação fora do comum, designer gráfico de formação com aprofundamentos nas áreas terapêuticas e filosóficas. Foi aluno de muitos professores memoráveis da história do Reiki. É autor de múltiplas obras, com dezenas de versões, além disto é um dos principais pesquisadores, pois trouxe diversas novidades e conteúdos históricos do Reiki para o mundo contemporâneo e como tal formou muitos terapeutas e professores. Como professor desencadeou como membro fundador a criação da Associação Portuguesa de Reiki, um órgão referência mundial na área. Instituto Brasileiro de Pesquisas e Difusão do Reiki.

Makoto No Kokyu Ho: Técnica japonesa que significa "respiração da sinceridade/respiração da verdade". É um exercício de desenvolvimento pessoal ensinado em alguns sistemas de Reiki com a intenção de desenvolver uma maior consciência do seika tanden. Apesar de se julgar fazer parte dos ensinamentos originais de Usui Sensei, esta prática tem grande probabilidade de ser "retirada" da arte do Aikido em algum instante recente.

Maratona de Reiki: Termo alternativo e popular para a técnica tradicional "Renzoku".

Mari-El: Termo que denomina um sistema de Reiki com apenas um grau (mais técnicas avançadas), além de três símbolos. Método desenvolvido por Ethel Lombardi, um(a) dos(as) 22 professores(as) de Reiki iniciados pela Sra. Takata nos EUA. Há grande chance de ter desenvolvido o sistema ao lado de Phyllis Furumoto ou Barbara Ray após a morte da Sra. Takata. O nome vem de *"Mari"*, que significa Maria, Mãe de Cristo, e *"El"*, é um dos nomes de Deus. Não é certo se este sistema ainda está sendo ensinado.

Marsh, Chris: Um artista marcial e budista tendai, qual afirma que foi a uma visita ao Japão em junho de 2000, para concluir algum treinamento em artes marciais. Onde foi apresentado a várias pessoas que tiveram conexões

M

com Mikao Usui, incluindo uma freira tendai de 107 anos chamada Suzuki San, um dos alunos originais de Usui Sensei de 1915 a 1920. Aparentemente, Chris também mostrou vários artefatos relacionados a Usui. Em uma nova visita ao Japão em junho e julho de 2001, ele afirma ter sido apresentado a outros 11 estudantes muito idosos de Mikao Usui, incluindo monges e monjas budistas. Diz que também recebeu muitos documentos de Usui, incluindo diários, anotações e preceitos, tudo em sua própria caligrafia. Alega também que os alunos de Usui referem-se ao sistema como "Usui Teate", "Usui Hand Touch", "Usui Hand Healing", "Usui Do" e "Usui Way", onde o nome Reiki não é usado ou conhecido por eles.

Matsui, Shou: Jornalista, conhecido dramaturgo, professor de teatro e apoiante do "Kabuki", o teatro tradicional japonês. Shou Matsui nasceu em 1870 e veio a falecer em 1933. Foi um dos alunos de Reiki do Chujiro Hayashi. Matsui escreveu o que provavelmente é o primeiro artigo sobre Reiki, publicado na Revista "Nichiyoubi Mainichi", no dia 4 de março de 1928.

McCullough, Barbara Licoln: Personalidade do Reiki que iniciou alguns estudantes de mestrado, como Helen Borth, David G. Jarrell e Judy Carol Stewart. Helen foi iniciada mestre em dezembro de 1980, poucos dias antes da morte de Takata. David foi iniciado "mestre" em 5 de agosto de 1981. Ele criou seu próprio sistema de Reiki chamado Reiki Plus. Judy escreveu um livro intitulado "Reiki Touch" e começou um negócio chamado "The Reiki Touch, Inc". E mais tarde, mudou seu nome para Julie Carroll.

McFadyen, Maria Alexandra: Foi a criadora do Reiki Outreach International. Acabou fazendo o nível 2 com John Harvey Gray e seu treinamento com a Hawayo Takata. Maria escreveu um livro intitulado "Die Reiki Heilkraft des Reiki. Mit Harden heilen". O livro é publicado apenas em alemão. Ela veio a desaparecer e foi feito um registro de pessoa desaparecida no departamento de polícia de Austin Texas, Estados Unidos da América, onde ela morava.

A última vez que alguém ouviu falar de Maria foi no dia 19 de fevereiro de 2011.

Meiji Tenno Gyosei: Denominação popular dada aos gyosei´s do Imperador Meiji Tenno.

Menkyo Kaiden: Termo que denomina a licença de um Professor em várias práticas japonesas. Sendo assim é a certificação de alcance dos mais elevados níveis de proficiência numa dada arte. É narrado que Usui Sensei conquistou o Menkyo Kaiden na disciplina marcial Yagyu Ryo e no Kiko.

Mestre de Reiki: Termo popular, que se refere mais apropriadamente ao "professor(a) de Reiki". É uma pessoa que recebeu a sintonização no "Grau de Mestre" e sabe como conduzir o processo de sintonização para os três níveis. Além disso ensina pelo menos um grupo e, consequentemente, sintonizou pelo menos um aluno. Logicamente é alguém apto para fazer parte da relação aluno-professor, segundo o respectivo sistema que se formou professor.

Mestres de Reiki Independentes: Derivação da inclusão do termo "Independent Reiki Master" que muito repercutiu no Reiki. Assim com o passar do tempo, este conceito veio a ser usado para referenciar qualquer professor que não possua vínculo associativo com alguma instituição.

Mikao Usui: Japonês nascido a 15 de agosto de 1865, em Taniai Mura, no distrito de Yamagata, na província de Gifu, foi o criador do método Reiki. Acredita-se que Mikao Usui desenvolveu o método de Reiki na sequência de anos de estudo e de um retiro budista de vinte e um dias no Monte Kurama. Usui abriu o seu primeiro centro de Reiki em Harajuku, em 1922, onde praticava e ensinava o que viria ser conhecido como Usui Reiki Ryoho (Método de Cura Espiritual de Usui). Entre 1922 e a data da sua morte inesperada, a 9 de março de 1926, formou mais de 2000 pessoas, das quais apenas cerca de 17 terão atingido o grau de Mestrado, ou Shinpiden.

M

Mitchell, Paul: Membro fundador do Reiki Alliance e atual Chefe da Disciplina da Reiki Alliance, trabalhara em estreita colaboração com Phyllis Lei Furumoto. É o autor do livro ¨Sistema Usui de Cura Natural¨, publicado em nove idiomas. Seus artigos sobre o Sistema Usui foram publicados em jornais de todo o mundo.

Mitsui, Mieko: Era um Jornalista e terapeuta de Reiki. Segundo registros encontrados foi a primeira pessoa a ensinar o Reiki Ocidental no Japão, qual foi formado por Barbara Ray em Nova York. Pode se dizer que Mieko tem sido responsável sozinho, por ter reacendido a chama do Reiki Japonês.

Mochizuki, Toshitaka: Toshitaka Mochizuki foi um professor de Reiki que publicou o livro "Iyashi No Te" em 1995 (acredita-se ter sido o primeiro livro de Reiki dos tempos modernos a ser escrito por um professor japonês de Reiki). Mochizuki atribui parte da informação histórica do seu livro a um livro japonês intitulado "O Segredo de Como Cuidar dos Membros da Sua Família", escrito por Takichi Tsukida.

Mokunen: Termo japonês anexo como uma das etapas do Hatsurei-Ho, significa literalmente "foco/intenção direcionada/mente vazia".

Morning Star Meditation (ou Gumonji-Ho): Significa literalmente "Meditação da Estrela da Manhã", ou seja, é uma meditação realizada para equilíbrio e renovação espiritual no período da manhã. Segundo registros era algo amplamente difundido pelo fundador do Reiki, Mikao Usui.

Mullen, George: Personalidade que foi treinado por Yuji Onuki em 1971. Ele diz que Yuji Onuki lhes mostrou dois sistemas, um era o chamado Usui-Do. Já o segundo era uma "religião" que Onuki afirmou ter sido desenvolvida por Toshihiro Eguchi. Em seus estudos taoístas na província de Heilongjiang, na China, onde há uma extensa biblioteca de textos sino-japoneses antigos encontrou em vários livros, quais há descrição clara das origens e uso de todos os quatro símbolos de Usui, além da filosofia básica dos primeiros ensinamentos.

Também relata que Hayashi parou de ensinar o Usui-Do em 1931, pois focou no seu próprio sistema o chama "Hayashi Reiki Ryoho Kenkyu-kai". Outra informação considerável é que viu pessoalmente vários registros do templo Tendai, quais mencionam Mikao Usui na área de Kansai no Japão.

Mugen Muryouju (ou Mugen Muryo Ju): Termo que deriva da tentativa de anexar o budismo de forma mais intensa no Reiki, pois em alguns sistemas de Reiki japonês o nome do símbolo Sei Heki foi mudado para "Muryouju" ou "Mugen Muryouju". Muryouju é o nome japonês para Amida Butsu na sua manifestação como "Buda da Vida Infinita". Já o termo Mugen pode referir-se a compaixão infinita ou sabedoria infinita.

Muryouju (ou Muryou Ju): Termo japonês que significa "Amida Butsu" na sua manifestação como "Buda da Vida Infinita".

Nade-Te Chiryo-Ho: Estimular o fluxo de ki no corpo fazendo pressão com a mão. Pode ser traduzido literalmente da língua japonesa como "no córrego".

Nagao, Tatseyi: Tatseyi Nagao foi um dos alunos de nível II de Takata Sensei. Acredita-se também que visitou o Japão por volta de 1950, e enquanto esteve lá recebeu o nível 3 com Chie Hayashi (viúva de Chujiro Hayashi). Ao voltar ao Havai, começou a ensinar Reiki (apesar de não conseguir identificar nenhum dos seus alunos). Aparentemente Nagao faleceu no ano de 1980. De acordo com a sua filha, Yoshi Kimura.

Naka Tanden: "Centro" ou área de energia localizada no imo do peito.

Nao Hi: Nome alternativo para Choku Rei. Ambos os termos têm o mesmo significado: "Espírito Direto".

Nagare No Naka De: Termo que significa "no córrego". Seu significado é baseado na composição dos kanjis envolvidos, que são: *Nagare, No,* e *Naka*, onde simbolizam respectivamente, "corrente/fluxo/jorro/correnteza/fluência/escoamento", "na/da" e "no meio/dentro".

Nen: Termo japonês que quando é empregado individualmente possuí o significado de "ano".

Nentatsu-Ho: Técnica ensinada no nível I, essencialmente uma forma de "transmissão de pensamentos" através das mãos. Usada para "realinhar" hábitos. Uma variante de Nentatsu-Ho ensinada no nível II é chamada de Seiheki Chiryo-Ho.

Nin Giz Zida: Designação alternativa para o símbolo da "Serpente de Fogo" do sistema Raku Kei Reiki.

Obaasan, Mariko: Uma freira budista, aparentemente ela tenha conhecido Usui no Monte. Foi na Hiei (sede da seita Tendai) em 1920, onde a partir daí passou quase todos os dias trabalhando com ele, até a hora de sua morte em 1926. Segundo ela Usui Sensei não era pró-Meiji, e foi fiel ao Tendai a vida toda, pois fez oferenda todos os dias a Amida Nyorai. Ao que tudo indica Obaasan veio falecer em 30 de setembro de 2005, seus longos 107 anos.

Oishi, Tsutomu: Personalidade que era morador de Shizuoka, Tsutomu Oishi aprendeu Reiki durante os anos 50 com Keizo Ogawa. A sua mãe aparentemente aprendeu Reiki nível 2 quando ele era criança. Seu irmão teve poliomielite e sua mãe o tratava regularmente até que, segundo Tsutomu, ele estava completamente curado. Segundo ele durante a vida de Usui, um centro de Reiki foi instalado em Shizouka e administrado por Keizo Ogawa, qual após Keizo estar fraco devido a idade, vou convocado para gerir, mas acabou recusando este convite. Ele diz que os alunos de Reiki receberam um Manual de Reiki na sua época e que o "ki" de cada aluno era extremamente avaliado por Mikao Usui.

Okinawa No Kiko: Termo japonês pelo qual ficou conhecida a prática do kikō em Oquinaua. Em **Oquinaua**, as técnicas de trabalho mental, garramentos e pontos vitais lastreiam-se na teoria dos meridianos», de Daruma, segundo a qual, a energia vital flui pelo corpo inteiro mormente pela respiração, seguindo por de trilhas bem definidas, chamadas «meridianos».

Okudan: Termo japonês que significa "o grau mais profundo". Seu significado é baseado na composição dos kanjis envolvidos, que são: *Oku* e *Dan*, onde simbolizam respectivamente, "parte interior/coração/profundo/oculto" e "nota ou nível".

Okuden: Termo japonês que pode ser traduzido como "ensinamentos interiores". É usado para nomear o segundo nível em algumas versões do sistema gradativo do Reiki. O termo Okuden descreve muito o processo de transmissão em relação ao Reiki com mais precisão do que a palavra "Okudan".

O

Oku refere-se ao "ímo" ou profundeza do coração de algo, em seu significa esotérico ou secreto. Seu significado é baseado na composição dos kanjis envolvidos, que são: *Oku* e *Den*, onde simbolizam respectivamente, "parte interior/coração/profundo/ oculto" e "transmitir/passar/perpetuar/ enviar".

Okuden Koki: Nos sistemas de Reiki em que o nível Okuden se divide em duas partes, o sufixo "koki" (segundo termo) é acrescentado para indicar a segunda parte.

Okuden Zenki: Nos sistemas de Reiki em que o nível Okuden se divide em duas partes, o sufixo "zenki" (primeiro termo) é acrescentado para indicar a primeira parte.

Ogawa, Fumio: Segundo registros é uma personalidade que morava em Shizuoka, aprendeu Reiki com seu pai Keizo (ou: Kyozou) Ogawa, que por sua vez havia aprendido Reiki com Kanichi Taketomi. Aparentemente, Keizo Ogawa também era um bom amigo de Usui, também havia recebido sua iniciação do Reiki Master. Fumio Ogawa disse que concluiu seu treinamento de nível de Reiki em 18 de novembro de 1943. Em 1986, Ogawa compilou um "livro" (pequeno manual) intitulado: "Todos podem praticar Reiki", qual é baseado em dois documentos Gakkai. O Manual do Tratamento de Reiki e um livro escrito por um dos alunos de Usui, referido como "professor Wanami".

Oshite Chiryo-Ho: Técnica japonesa que significa "pressionar/pressão com os dedos/mão". Pode se considerar um método de tratamento por pressão digital, uma compressão que vem a ser aplicada com os dedos.

Osho Reiki (ou: Osho Neo Reiki): Se refere a um sistema de Reiki, qual é o sistema de Reiki Tradicional Japonês, mas ensinado dentro do ashram de Osho, que inclui técnicas de meditação.

Phaigh, Bethal: Ela escreveu dois livros: ¨Gestalt and the wisdom of the Kahunas¨ e ¨Journey into Consciousness¨. Foi iniciada "mestre" em 12 de outubro de 1979, juntamente com Wanja Twan e Barbara Brown, em Cherryville, Canadá. As datas de sua formação são encontradas no livro ¨Early days of Reiki: Memories of Takata¨, compilado por Anneli Twan. Ela afirma em ¨Journey into Consciousness¨: "As aulas (na vida que eu precisava aprender) podem ter sido particularmente dolorosos porque minhas iniciações tinham sido programadas muito perto uma da outra. Deixei o Havaí na primavera sem saber nada de Reiki e voltei como Mestra, bem no assunto". Ela começou seu trabalho em Vancouver e foi a Kootenays em 1973. Ali começou a trabalhar com grupos e criou um centro hoje chamado de Benailse, e veio a falecer em 3 de janeiro de 1986.

Períneo: Zona anatômica do corpo humano que começa, para as mulheres na parte de baixo da vulva e estende-se até o ânus. No homem, localiza-se entre o saco escrotal e o ânus.

Preceitos: Nomenclatura alternativa para denominar os Gokai, ou seja, os princípios do Reiki.

Petter, Frank Arjava: Autor de vários livros de Reiki muito conhecidos, ministra cursos pelo mundo, e é uma personalidade extremamente dedicada a seguir um crivo sério e coeso na técnica. Frank nasceu na Alemanha, juntamente com sua esposa Chetna começaram a ensinar Reiki em Sapporo em 1993, na região do Japão. Ao decorrer do tempo encontraram ex-alunos de Mieko Mitsui. Pode-se dizer que a pesquisa de Frank e Chetna sobre as sobrevivências do Reiki no Japão assumiu o lugar de onde a pesquisa de Mieko Mitsui parou. Foi a mãe de Chetna, senhora Masano Kobayashi, que traduziu a inscrição no Memorial Usui (escrita na antiga forma antiga de caracteres kanji japoneses), para os japoneses modernos, permitindo que produzissem a primeira versão em inglês do Memorial.

P

Princípios: Nomenclatura dada para denominar os Gokai, ou seja, os princípios do Reiki e/ou preceitos do Reiki.

Posição das Mãos: Ato de utilizar locais do corpo sobre os quais os terapeutas colocam as mãos para efetuar o tratamento de Reiki. Nas diferentes linhas de Reiki usam-se inúmeros conjuntos de combinações de colocação das mãos para fazer os tratamentos. Alguns conjuntos chegam a comportar 20 combinações, enquanto outros terão apenas 5. As principais posições de Reiki ensinadas por Hawayo Takata situam-se na cabeça (chakras da coroa e frontal), na garganta (chakra laríngeo), no coração (chakra cardíaco), no estômago (chakra do plexo solar), no umbigo (chakra do umbigo) e na zona pélvica (chakra básico), na frente do corpo e nas costas, incidindo também sobre chakras secundários como os das mãos, joelhos e pés.

Posturas: Nomenclatura alternativa para "posição".

Professor-Mestre de Reiki: Termo utilizado nos sistemas Usui e Tibetanos de Reiki, que designam a pessoa que possui o Nível III-B, ou seja, possuí o símbolo do mestre e os métodos para passar a sintonização/iniciação.

Purificação (ou: desintoxicação): Processo cujo corpo elimina toxinas físicas, emocionais ou energéticas depois de um tratamento, isso é muito comum ocorrer após a iniciação no Reiki.

Qi: Termo chinês que gerou a romanização japonesa *"Ki"*, ou seja, possuem o mesmo kanji e significado etimológico de leitura do ideograma. Sua composição pode ser espiritual ou energética ainda é controvérsia no ramo da medicina tradicional chinesa. Tem ampla utilização nesta medicina e é vinculado como a energia que circula entre os meridianos.

Quest, Penelope: Personalidade reconhecida mundialmente como autora, principalmente no que tange o Reiki. Em 1994, tornou-se "Mestre de Reiki" nos sistemas Usui e Usui/Tibetano. Em 1996 também se graduou "Mestre em Karuna Reiki". Desde então, tem ensinado Reiki a milhares de alunos. Segue ensinando e escrevendo sobre o Reiki, organiza ações de formação sobre desenvolvimento pessoal e espiritual. É autora de vários livros *bestseller* sobre Reiki, dos quais o mais reconhecido e premiado é precisamente o "Reiki para a Vida".

Radiância (ou: Técnica de Radiância): Tem como significado etimológico "ato/efeito de radiar/radiação/atributo do que é radiante, do que brilha". No Reiki é um sistema que incorpora sete níveis ou graus, promovido por Barbara Ray. Ela afirma que Takata Sensei lhe ensinou o sistema dos sete graus entre 1978 e 1980. É uma técnica usada particularmente em estilos como o Johrei e na escola de William Rand. Atualmente sua aplicação é, no entanto, ensinada em quase todas as escolas de Reiki "ocidentais".

Rainbow Reiki: Sistema de Reiki desenvolvido por Walter Lübeck, após a sua sintonização como "Mestre de Reiki Usui Tradicional" em 1989, começou a ensaiar novos conteúdos nos cursos que ministrava. Sentindo a necessidade dos meus alunos terem ferramentas eficazes, experiências e orientações espirituais para trabalharem com a energia, ensinava a combinação do Reiki com cristais, dietas de cura, técnicas de respiração, leitura de aura e chakras, canalização, trabalhos com oráculos, rituais xamânicos e trabalho corporal. E com o passar do tempo deu início a um novo sistema, o atual Rainbow Reiki.

Rakiram (ou: Rakiriam Reiki): Termo para denominar uma terapia que acredita na transformação do sofrimento em felicidade, segundo seus terapeutas ela auxilia o crescimento individual do ser humano e que trabalha com o seu campo de energia para a elevação da consciência, acolhendo sem julgamento as dores físicas e da alma. A prática trabalha tanto no plano energético como no psicológico e físico, que buscam conduzir ao autoconhecimento. Seu significado literal quer dizer "raio de canalização Prana em expansão". O anexo do termo "Reiki" foi feito tanto para determinar um novo sistema, com miscigenação das técnicas, bem como apenas uma mudança na nomenclatura a qual somente quem está fazendo sabe o real motivo.

Raku: Nomenclatura de um símbolo do sistema Raku Kei Reiki. Este assemelhando-se a um "raio" cumprido, é muito usado na conclusão do processo de iniciação para separar a energia/aura do professor da do aluno. Além disso é utilizado no sistema de Reiki Usui e o Tibetano.

R

Raku Kei Reiki: Sistema de Reiki muito conhecido como o "Caminho do Dragão de Fogo". Este sistema é uma criação de Arthur Robertson. Utiliza símbolos adicionais e reclama uma origem tibetana para o Reiki.

Rand, Willian Lee: Grande personalidade do Reiki, é fundador e presidente do Centro Internacional de Treinamento de Reiki (ICRT) e da Reiki Membership Association. Além disso é o fundador do Centro de Pesquisa de Reiki. Ele também é editor-chefe da "Reiki News Magazine", sendo autor de Reiki, sendo autor de várias obras, com e sem participação de outros autores. Possuí mais de 100 artigos sobre a história, filosofia e prática do Reiki, qual fez uma extensa pesquisa sobre a origem e natureza do Reiki e produziu um trabalho pioneiro intitulado "Uma história baseada em evidências do Reiki". Ele é criador do sistema Usui Tibetano de Reiki, que ele desenvolveu em 1989. Em 1995, com a ajuda de alguns de seus alunos, ele desenvolveu o sistema de cura Karuna Reiki. E em janeiro de 2014, ele introduziu o sistema "Fogo Sagrado do Reiki". Entre 1997 e 2004, ele colocou as "grades de cristal da paz mundial" nos pólos norte e sul e em Jerusalém. Este sistema permite que estudantes de Reiki em todo o mundo se juntem todos os meses, enviando Reiki às redes de paz para promover a paz mundial. Mais de 380.000 conjuntos de cartões da "World Peace Grid" foram baixados para uso nesta mediação. William recebeu o nível 1 em 1981, 2 em 1982 e se tornou um professor em Reiki em 1989. Ele recebeu o nível de treinamento de "Reiki Master" de seis professores de Reiki, incluindo três do Japão. Também recebeu treinamento de Bethel Phaigh Sensei, iniciada Takata Sensei e de Chiyoko Yamaguchi Sensei, aluno de Hayashi Sensei. Mesmo com ampla formação em outras áreas, acabou dedicando sua vida ao Reiki e praticou e ensinou em tempo integral em aulas ao redor do mundo por década.

Ray, Barbara: Nome "alterado" de Barbara Weber, após seu PhD ela modificou seu sobrenome.

Re-sintonização (ou: Repetição da sintonização): Takata ensinou que um aperfeiçoamento de Reiki era permanente e não "retroagia", nem precisaria ser ativado ou teria prazo de validade. Contudo, após a sua morte, alguns Professores de Reiki ocidentais começaram a fazer experiências no sentido de "repetir o aperfeiçoamento". A teoria resultante é que repetindo o processo de aperfeiçoamento este vai resultar num "aprofundar da qualidade" da ligação do aluno ao Reiki.

Rede de Cristal (ou: Rede de Reiki): Técnica de colocação geométrica de cristais que foram carregados com Reiki, elaborado para emanar continuamente uma influência terapêutica ou protetora. Seus originais ao que se sabe não possuem contato algum com o sistema inicial do Reiki.

Rei: Termo que significa Vénia, como por exemplo "Sensei ni Rei", que é "fazer vénia ao professor", ou "Shinzen ni Rei", "fazer vénia a um altar". Fazer uma vénia é expressar respeito, cortesia e/ou gratidão para com uma pessoa, conceito ou ser espiritual e logicamente, a si próprio. Obviamente que este "rei" não é escrito com o kanji que o "rei" em "Reiki".

Reido Reiki: Significa literalmente o "Movimento do Espírito Reiki" um sistema de Reiki japonês que tenta unir as tradições de Reiki ocidentais e japonesas. Este sistema foi desenvolvido por Huminori Aoki, era chefe do laboratório de Reiki em Nagoya (antes do popular "Instituto Humano e Confiança").

Reiho (ou: Reishiki): Terminologia japonesa que significa "etiqueta/forma de vénia".

Reiho: Termo que simboliza "Método Espiritual", como em Usui Reiho, ou seja, Método Espiritual Usui. Algumas pessoas acreditam que "Reiho" é uma abreviação de "Reiki Ryoho" (Método de Cura Reiki). Este "Reiho" não se escreve com o kanji que o "Reiho" que se refere a "etiqueta".

R

Reigi: Termo japonês que significa "etiqueta/regras de boas maneiras/respeito/boa educação". Um princípio básico aprendido em casa para preparar a criança desde cedo a se tornar um cidadão do bem e ser cortês com o próximo.

Reiji: Significa literalmente a "Indicação do Espírito", é um termo utilizado para simbolizar a orientação espiritual na colocação das mãos para tratamento.

Reiju: Termo japonês que significa o processo de sintonização ou aumento de poder no Reiki. Sua formulação tem composição dos kanjis *Rei* e *Ju*, onde respectivamente representam: "espiritual" e "presente". É muito utilizado por Professores de Reiki das linhas mais tradicionais visando uma ampliação/desintoxicação no fluxo do aluno como canal.

Reiki: Vulgarmente usado para indicar o sistema de terapia e autodesenvolvimento criado por Mikao Usui. Sendo também mais especificamente, terapia de energia a base deste sistema de cura natural. Contudo, a palavra "Reiki" adquiriu uma terminologia genérica ao passar do tempo, sendo usada para se referir a inúmeras práticas de cura pelas mãos de origens não relacionadas. O termo "Reiki" é frequentemente mal traduzido como sendo uma "energia universal". E enquanto pode ser traduzido num sentido simples de "energia espiritual/do espírito" ou "sentimento espiritual/do espírito", refere-se mais diretamente ao "espírito", à "força espiritual" ou "influência espiritual".

Reiki Ascensão: Sistema ensinado em nove níveis, tendo assim nove símbolos adicionais. Seu fundador é Jayson Suttkus, dos EUA.

Reiki Angélico: Sistema desenvolvido por Christine e Kevin. Segundo elas, os próprios Anjos fazem todas as iniciações neste sistema, onde é feito através do "Reino Angélico da Luz". Para este sistema o curador é simplesmente um canal, uma ponte, através da qual a energia do "Reino Angélico" é passada para o destinatário.

O Reiki Angélico é ensinado em quatro níveis ou em 9 dias intensivos. Os quatro níveis oficinas são: *Reiki Angélico Primeiro e Segundo Graus; Reiki Angélico Terceiro e Quarto Grau; Profissional e Serviço de Reiki Angélico; Professor Angélico de Reiki.*

Reiki Autêntico: Termo é empregado para uma denominação variante do Reiki que se chama "Técnica de Radiância".

Reiki Chama Violeta (ou: Reiki da Chama Violeta): Sistemas de Reiki criado por Ivy Moore, qual é possível considera-lo uma variação do Reiki Usui Tradicional. Segundo Moore, enquanto meditava e entoava o mantra *"Namo Kwan Shih Yin Pu'as"* para invocar a presença da deusa Kwan Yin, acabou visualizando 40 novos símbolos do Reiki. Após tomou nota deles, pois sabia que estava sendo presenteada com elementos sagrados, os quais denominou "Chama Violeta" e os dedicou à Kwan Yin.

Reiki Cristão: Termo que se refere a um sistema de energização, ou seja, imposição de mãos dos essêncios. Seu nome é "Iad Aour Ripui", mas acabou sendo apelidado de Reiki Cristão, ou Imposição de Mãos Cristã. É uma técnica baseada na arte de cura e imposição de mãos dos profetas, na época de Jesus e de técnicas essências de hábito cristão na antiguidade.

Reiki Egípcio/Seichim (ou: Seichem/Sekhem): Um dos sistemas de Reiki, este tratamento foi redescoberto e canalizado por Patrick Zeigler, de forma espontânea, que na época integrava as forças de paz das Nações Unidas. O termo "sekhem" (pronuncia-se seikem), é uma palavra egípcia que significa "poder" ou "energia cósmica". Já o "chi", ou seja, a energia da vida que nos circunda e interpenetra. E o "seichim" (pronuncia-se seikim), que é um método de tratamento total, através do acesso e canalizações das energias cósmicas radiantes, conhecido e bastante usado no antigo Egito. O fundador é Patrick Zeigler, que estudou Reiki Usui Tradicional antes de desenvolver a técnica.

R

Reiki da Era de Ouro (em inglês: Goldem Age): Sistema desenvolvido por Maggie Larson (que também é chamado Shimara) que é semelhante ao sistema de Reiki Tera-Mai, mas com canais adicionais.

Reiki Essencial: Termo que se refere a um sistema de Reiki, qual foi criado por Diane Stein, e amplamente divulgado e disseminado com o livro: Reiki Essencial. Sua fundamentação é bem similar a do sistema Tibetano, com boa base de estudos e aperfeiçoamentos implementados por Willian Lee Rand. Tem uma linha bem ocidental e possuí 3 níveis de formação.

Reiki Estrela Azul: Foi originalmente chamado de energia celestial de estrela azul. É um supostamente originário de uma escola de mistério egípcio antigo, ao qual trouxe através da canalização de Makuan, o guia espiritual de John Williams, para um Mestre Reiki da África do Sul. Este sistema foi modificado por Gary Jirauch, que mudou o nome para "Blue Star Reiki". Tem 14 símbolos (adicionados por Gary) e dois níveis, ambos disponíveis apenas para os símbolos e um tipo aparentemente diferente de energia elementar, tratada como a energia dourada que liga a "mãe divina".

Reiki do Fogo (ou: Reiki do Fogo Sagrado): Sistema que vem a ser uma modificação do Reiki tradicional, segundo seus usuários é uma revelação sagrada de Cristo através do americano William Lee Rand, qual foi realizada em 2014 e subsequentemente com seus alunos.

Reiki Hajimemasu: Frase japonesa utilizada principalmente durante as iniciações do Komyo Reiki. Sua tradução literal é "o reiju começa".

Reiki Ho: É um termo usado por alguns para se referir à cura pelo Reiki em geral. Contudo, outros usam-no mais especificamente para se referirem ao sistema Gendai Reiki Ho, devido a abreviação do termo "Gendai", também conhecido como lyashi No Gendai Reiki Ho.

Reiki Japonês: Termo referente aos sistemas de Reiki que cresceram e progrediram no Japão. Obviamente que são distintas das baseadas nos ensinamentos de Usui Shiki Ryoho e algumas das linhas ocidentais. Contudo, muitas as linhas de Reiki se classificavam de "japonesas", como por exemplo:

Vortex, Reido, Gendai, Komyo e Shinden. Quando, na realidade, são uma mistura entre os ensinamentos e práticas "japonesas" e as "ocidentais".

Reiki Jin Kei Do: Termo referente a um dos sistemas de Reiki, é uma linhagem oriental, através da sequência de professores: Usui, Hayashi, Tekeuchi com Seiji Takamori e o Dr. Ranga J. Premaratna. O nome é traduzido como "Reiki: o caminho (integração) de Compaixão e Sabedoria". Sua ênfase está no modo de vida espiritual e progresso em direção à iluminação e à cura. Foi transmitido através de mestres budistas de Reiki e, portanto, tem um maior conteúdo de tradições e técnicas budistas.

Reiki Jutsu: Tradução para a "Arte do Reiki", contudo o Reiki Jutsu é na verdade o nome de uma arte marcial (desenvolvida por Andy Wright), que combina elementos de Reiki com o Karatê Shotokan.

Reiki-ka: Termo japonês que significa literalmente "Terapeuta de Reiki".

Reiki Magnificado: Termo que se refere a um sistema de Reiki, qual foi desenvolvido pelo chileno Rodrigo Romo. É um "sistema de cura bioenergética", que unifica várias linhas de Reiki, e os preceitos da tradição filosófica-religiosa do oriente, e os princípios da "Cura Quântica". Motivo pelo qual é referido desta forma.

Reiki Master: Termo em inglês amplamente utilizado para significar "Mestre Reiki".

Reiki Mawashi: Técnica que significa literalmente "Círculo de Reiki". Também pode vir a referenciar a "Corrente de Reiki", que é uma meditação baseada na energia cíclica de um grupo, ou seja, um respectivo sinônimo.

R

Reiki Plus: Sistema de Reiki desenvolvido por David Jarrell, o fundador da instituição denominada Reiki Plus Institute (RPI), e é ministrado em quatro níveis de "praticante" e dois de Master em um total de 310 horas de aula. Com tudo isso também está incluído a cura etérica do corpo e do nível da alma, com técnicas e abordagens de aconselhamento. Quem for bem-sucedido como aluno do RPI e se possuir a experiência exigida, também é oferecido a oportunidade de ser ministro da "Igreja das Pirâmides de Luz", reconhecida atualmente nos Estados Unidos da América como uma igreja de cura natural, também fundada por David Jarrell.

Reiki Prema: Termo que se refere a um sistema de Reiki, qual foi criado com ampla fundamentação no sistema Karuna Ki, além de utilizar a maioria dos seus símbolos. Mas seu desenvolvimento pode ter ampla ligação com a filosofia sânscrita e seus significados, já que "prema" é uma palavra em sânscrito, que significa amor. Este sistema tem pouco registro consultável.

Reiki Real: Termo empregado para uma denominação variante do Reiki que se chama "Técnica de Radiância".

Reiki Ryoho Hikkei: É um manual que simboliza um "Companheiro de Tratamento de Reiki". Este manual é de nível 1, com 68 páginas, era entregue aos alunos do Usui Reiki Ryoho Gakkai. Foi composto por uma secção de perguntas e respostas e de uma explicação sobre o Reiki, as quais são supostamente as próprias palavras do Usui Sensei. É também um guia de cura "Ryoho Shishin" e de poesia "Waka" escrita pelo imperador Meiji. O "Hikkei" foi compilado nos anos 70 por Kimiko Koyama, sexto kaicho do Usui Reiki Ryoho Gakkai.

Reiki Ryoho No Shiori: Traduzido literalmente significa o "Guia para o Reiki Ryoho". Este documento foi compilado por dois ex-presidentes da Gakkai: Koyama e Wanami, ao qual dizem ter sido dado a todos os membros do Usui Reiki Ryoho Gakkai. O Shiori cobre a história e o propósito da Gakkai, e estabelece o seu sistema administrativo. Além disso ele sublinha as características do Reiki Ryoho, fala sobre como fortalecer o Reiki, e inclui uma série de técnicas originais.

Possuí em seu acervo comentários dos praticantes Médicos e uma lista dos 11 estudantes shinpiden do Usui Sensei, e instruções de Mikao Usui.

Reiki Ryoho To Sono Koka: Livro escrito por Mataji Kawakami em 1919. Significa literalmente "Reiki Ryoho e os seus efeitos", por mais que o título referencie, a obra não era sobre "Usui Reiki Ryoho". Ao que tudo indica o termo Reiki Ryoho significa "Cura Espiritual" e foi usado por diversos terapeutas, antes de Mikao Usui, para descreverem as suas práticas.

Reiki Seichim: Um dos sistemas de Reiki, este também é referenciado mais comumente como Reiki Egípcio.

Reiki Shamballa (ou: Shamballa Reiki): Sistema de Reiki desenvolvido por Hari Das Melchizedek, segundo ele diretamente encaminhado da personalidade de St. Germain. A proposta deste sistema é a conexão com energia de "mestres ascencionados". Logo tratam com ideia de trabalhar com 3 tipos de energias diferentes: A energia Reiki convencional, energia mahatma (energia do ego) e a energia dos "mestres ascencionados".

Reiki Shower: Técnica de limpeza ou renovação da aura, encontrada em algumas linhas ocidentais de Reiki. O Termo "shower" está em inglês e significa "chuva", logo a técnica se baseia em fazer "chover" Reiki sobre a aura do assistido.

Reiki Shuey Phura (ou: Shuey Pura): Termo que se refere a um sistema de Reiki, qual foi criado no dia 4 de janeiro de 2002, as 21 horas, durante a iniciação de Nivel 1 do Sistema Usuy Shiki Ryoho. Fundado por Isayto e Icao Lea da Comunidade Etérica Espiritual Shuey Phura, localizada em uma área sobre a cordilheira do Himalaia nas proximidades do Tibet. Seu foco principal é os irmãos que não estão mais fazendo parte do mundo material.

Reiki Sun Li Chung: Sistema de Reiki que segundo seus usuários é uma técnica que agrega ideias, conceitos e técnicas de Sun Li Chung com o que conhecemos do Reiki Usui Tibetano. Sun Li Chung era um médico budista holístico, seu conhecimento básico obteve com o pai, e a maioria veio de canalizações com a divindade.

R

Este monge nasceu em 1917 a.C., dizem que o sistema foi perdido quando ele foi morto por manifestantes mongóis que chegaram ao sul do Tibete aos 103 anos. Dizem que é um sistema muito comum nos templos de Shaulin, no sul do Tibete. Poucos de sua família sobreviveram, mas nenhum deles conhecia todas as partes do sistema de reiki. Todos os escritos clássicos que foram encontrados e os sânscritos possuíam apenas uma pequena parte do conhecimento que se sabia, pois, a maior parte foi queimada e perdida naquele dia. Estima-se que tenha mais de 70 simbolos, mas é complicado confirmar os fatos sobre este sistema devido sua grande ausência de registros.

Reiki Teate: Tratamento tradicional de Reiki. Este é o nome que foi dado por um certo período dentro da Gakkai. O *"Teate"* significa "compensação/tratamento/cuidado".

Reiki Tibetano Wei Chi: Termo que se refere a um sistema de Reiki, qual foi criado por Dr. Kevin Ross Emery e seus irmãos, que narram como uma canalização de Wei Chi (xamã tibetano, que viveu 5.000 anos atrás). Devido sua semelhança como o Reiki Usui Tibetano usa os símbolos mais antigos provenientes de civilizações antigas.

Reiki The Way of the Heart: Sistema de Reiki qual foi criado com iniciação bem específicas abordando os pés e glândulas endócrinas. Nas posições do Nível 1, possuí um total de 35 posições. E uma característica peculiar é sua comum ausência de data nos certificados de conclusão dos cursos.

Reiki Tradicional: Termo que se refere a um sistema de Reiki, muito similar aos sistemas praticados no ocidente no mundo contemporâneo. Este é nome qual Hawayo Takata se referia ao Usui Shiki Ryoho, sistema que ela utilizava.

Reiki Tradicional Usui: Muito similar aos sistemas praticados no ocidente. Possuí 3 níveis e é derivado da linha de Chujiro Hayashi, portanto contando com posturas fixas de aplicação na maioria dos casos.

Reiki Tradicional Usui Tibetano (ou: Reiki Tibetano): Sistema de Reiki que surgiu depois da junção do Reiki Tradicional Usui (citado anteriormente) com o Raku Kai Reiki (pouco conhecido e falado).

Ele adiciona técnicas tibetanas que dizem potencializar a iniciação do novo aluno em Reiki, e possuí 4 níveis para caminhada no Reiki. Também é um sistema de origens pelo Chujiro Hayashi. Sua criação é atribuída ao William Lee Rand.

Reiki Unitário: Termo que se refere a um sistema de Reiki, qual foi criado no ano de 2002 na França, por Selene e Cyrille Odon. Segundo as fundadoras é um pedido expresso das Hierarquias Espirituais, a quem consideraram necessário desenvolver uma técnica em total harmonia tanto com a vibração do planeta como com os fundamentos de uma Nova Consciência, considerando tudo e todos trabalhando para à "unidade".

Reiki Un-do: Método de tratamento de Reiki recebido através de movimentos espontâneos – apesar de intencionalmente iniciados. Surgiu na Usui Reiki Ryoho Gakkai criada pelo sexto kaicho, Kimiko Koyama.

Reiki Usui Tibetano Kuan Yin: Termo que se refere a um sistema de Reiki, qual é centrado na deusa chinesa Kuan Yin (conhecida como Tara, entre tibetanos e indianos), apresenta práticas de meditação, símbolos e procedimentos característicos do Sistema Usui Tibetano.

Reiki Vida Nova: Forma de Reiki que possuí em sua base quatro níveis, e provavelmente até 150 símbolos. Ao que tudo indica começou com o Dr. V. Sukumaran, do Instituto Internacional do Reiki (uma fundação indiana).

Reiki Vortex: Sistema de Reiki com uma via japonesa moderno, foi desenvolvido por Toshitaka Mochizuki, qual aprendeu Reiki Ocidental com Mieko Mitsui.

Reiki da Wicca (ou: Wicca Reiki): Sistema de Reiki qual foi criado após a junção de conhecimentos do Reiki Usui Tibetano com a religião céltica Wicca. O termo "wicca" significa, no antigo anglo-saxão, "feiticeira".

R

Esta palavra é também aparentada com o médio/baixo germânico "wicken", que significa "conjurar", ao sueco "vicka", que quer dizer "ir aqui e lá", e ao islandês "vitki", derivado do verbo que significa "conhecer". A palavra refere-se a natureza mágica da religião pagã das Wicca, qual é próxima do xamanismo e do druidismo politeísta, que veneram um Deus e uma Deusa. Possuí 48 símbolos transmitidos no curso, mais 33 outros que permitem uma ampliação do processo para se preparar para a transmissão da energia enviada durante as iniciações.

Reiki Xamânico: Termo referente a um sistema de Reiki, qual foi baseado em vivências xamânicas, símbolos de tradições milenares como Guarani, Navajo, Sioux, Tupinambá e imposição das mãos. Tem um adendo considerável de conteúdos e visões diante das práticas, se comparado com o sistema derivado de Mikao Usui.

Renzoku: Popularmente conhecido como "Maratona de Reiki" ou até como tratamento de "confiança". É uma prática na qual os terapeutas vão fazendo turnos na aplicação do Reiki numa sessão contínua de tratamento, onde costuma ser realizada durante muitas horas, até dias, sendo realizada em um só paciente. A sua incorporação é feita em tratamentos normalmente quando existem enfermidades gravíssimas que demandam uma recuperação rápida.

Respiração do Dragão de Fogo: Técnica especial de respiração usada no Raku Kei Reiki. Uma variação desta prática, usada no Tera Mai, é referida como Respiração Violeta. Além de possuir uma variante designada como "respiração do rim azul".

Respiração do Rim Azul: Nomenclatura alternativa para a "Respiração do Dragão de Fogo".

Respiração Violeta: Técnica de respiração especial usada no Tera Mai. Pode se considerar como uma variante da "Técnica de Respiração do Dragão de Fogo" encontrada no Reiki Raku Kei.

Riggall, Melissa: Personalidade que em conjunto com Dave King promoveu um novo sistema denominado Usui-Do, qual alegam que é "uma autêntica reconstrução" do "sistema espiritual meditativo" de Mikao Usui. Melissa relatava ter conhecido diversos alunos de Hayashi, e foi aluna de Yuji Onuki, um dos alunos de Toshihiro Eguchi. Veio a falecer no dia 12 de março de 2003.

Ritual de Compenetração de Lótus: Alguns relatem que este era o ritual budista que Mikao Usui estava quando recebeu o "Reiki" no monte Kurama Yama. Infelizmente não existem registos bibliográficos para embasar os relatos.

Ronin: Termo empregado para dar sentido ao "samurai sem mestre". Seu significado literal é "homem onda".

Royal Reiki: Termo referente a um sistema de Reiki, qual integra todos os conhecimentos, símbolos e técnicas dos diversos sistemas de Reiki existentes hoje no planeta. Foi desenvolvido por Astrid Lenhart, enfatizando entre os sistemas compilar principalmente Reiki Tradicional Usui, Karuna Reiki, Tera Mai Reiki e Reiki Tibetano. Visa o conhecimento e desenvolvimento da "consciência ascensional".

Ryoho: Termo japonês que significa "Método de Cura" ou "Tratamento (Médico)", como por exemplo: Usui Reiki Ryoho.

Ryoho Shishin: Guia de tratamento, escrito por Chujiro Hayashi, qual possuí um conteúdo muito semelhante ao do guia do Reiki Ryoho Hikkei. Hawayo Takata como principal aluna de Hayashi possuiu este guia e distribuiu a alguns dos seus alunos. O qual faz parte do compilado do "Livro Cinzento".

Ryu: Termo japonês possuí alguns significados e é empregado também para dar nomes próprios. No sentido de anexo vem costumeiramente a ser usado com o significado de "estilo". Por exemplo: Reiki Ryu, logo "Estilo de Reiki".

Sai Baba Reiki: Uma das primeiras expressões do sistema Tera Mai, desenvolvido também por Kathleen Milner.

Saibo Kassei Ka: Técnica de ativação/revitalização de células, utilizado no sistema Gendai Reiki Ho.

Saito, Shinobu: Foi aluna de Takata, iniciada mestra em 1980 em Palo Alto, Califórnia. Hawayo Takata esperava que ela iria ajudar a levar Reiki de volta ao Japão. Ela ensinava Reiki ocasionalmente e tinha iniciado alguns "mestres" de Reiki no Japão. Também estava na reunião de mestres de Reiki de Takata no Havaí, na primavera de 1982. Shinobu não é irmã de Takata como é dito em alguns livros de Reiki. Uma curiosidade é que George Araki mandava seus alunos de Reiki para serem iniciados por Shinobu.

Saku Reiki: Programa abrangente de bem-estar construído em torno do Reiki, mas também incorporando nutrição, exercício, ervas, cristais e outros remédios naturais. Ele foi desenvolvido por Eric Bott, originalmente da usado na Alemanha, passou também para a Califórnia nos Estados Unidos da América. É derivado do Usui Reiki, bem como de outros sistemas como o Karuna Reiki e é ensinado em seis níveis ao longo de vários anos.

Samdahl, Virginia: Aluna de Takata, que obteve sua graduação em Reiki no período de 1974 a 1976, qual se aposentou do ensino de Reiki em 1989. Virginia Samdahl era fumante e morreu em consequência de enfisema pulmonar. Há um livro escrito sobre ela: "Virginia Samdahl: Reiki Master Healer". Virgínia primeiro se filiou à Reiki Alliance, fundada por Phyllis Lei Furumoto, e depois à American Reiki Association fundada por Barbara Weber. Ela fez isso para servir de pacificadora entre as duas organizações opostas, ja que ambas afirmavam ser sucessoras de Takata. Virginia treinou como "mestres" o Viola R. Ebert, Barbi Lazonby, Barbara Thompson e Richard Pinneau. Veio a falecer no dia 04 março de 1994.

Satya Japanese Reiki (ou: Reiki Japonês Satya): Sistema de Reiki que se originou no Japão, com uma linhagem oriental de Usui, Eguchi, Miyazuki, Mitsui, Takahashi, Mochizuki e Sakuma. Mitsui também estudou a Técnica de Radiância com Barbara Ray, e o ensino é bem semelhante a esse. É ensinado em três níveis e é encontrado principalmente na Índia. Sua criação veio em 1997, o ex-monge zen Shingo Sakuma começou a comunhão de Reiki Satya em Pune, na Índia. Satya Reiki usa também o equilíbrio de chakra e cura.

Seiheki Chiryo-Ho: Termo referente a uma técnica que pode ser considerada uma forma variante de Nentatsu-Ho. O Seiheki Chiryo-Ho é ensinado no Nível 2 e faz uso de símbolos, mas difere do Nentatsu-Ho porque este não o faz.

Sei Heki (ou: Sei He Ki): O segundo dos três símbolos do Reiki Usui: normalmente designado por símbolo "mental/emocional" na linhagem do Reiki de Takata (Usui Shiki Ryoho). Nas linhagens japonesas, o símbolo é normalmente designado por "símbolo da Harmonia". Consoante o kanji utilizado para escrever "Sei Heki", o nome pode ser "calma emocional" ou "compostura espiritual".

Seika No Itten: Termo que significa "ponto abaixo do centro", é uma designação alternativa para "Seika Tanden".

Seika Tanden: Termo referente a um conceito encontrado nas disciplinas tradicionais japonesas, como por exemplo arte marcial, espiritual ou artística. O Seika Tanden (muitas vezes referido simplesmente como "tanden") é um "centro" ou área de energia, muito similar a um chacra. É entendido com o tamanho de uma uva, localizado no imo da hara (barriga/abdómen). O significado de Seika é "abaixo do centro".

Seikaku Kaizen Ho: Técnica tradicional que é exercida para o melhoramento de caráter. Seu significado é baseado na composição dos kanjis envolvidos, que são: *Seikaku, Kaizen,* e *Ho,* onde simbolizam respectivamente, "caráter", "melhorar" e "técnica". Logo significa o "método de melhoramento do carácter", uma "versão" alternativa para Nentatsu Ho.

Seishin Toitsu: Termo referente a um conceito encontrado dentro do Reiki, é o momento de mente focada. Seu significado literal é "mente una", é o ato de focalizar a mente e manter única no momento, uma contemplação. Esta é uma das etapas da técnica Hatsurei Ho.

Seiza: Esta é uma postura de se ajoelhar na tradição japonesa, sentado atrás (ou entre) os calcanhares. Costuma ser utilizada amplamente nas técnicas tradicionais, bem como é respectivamente com a posição "lótus" em outras culturas.

Sekizui Joka Ibuki Ho: Método utilizado no Reiki, qual objetiva a purificação com respiração. Seu significado é baseado na composição dos kanjis envolvidos, que são: *Sekizui, Joka, Ibuki,* e *Ho,* onde simbolizam respectivamente, "medula espinhal", "purificação", "respiração" e "técnica/método".

Serpente de Fogo: Simbolo usado no sistema Raku Kei Reiki e em outras linhas modernas de Reiki. Ele representa a energia da kundalini, qual reside na espinha. Também é conhecido como Nin Giz Zida.

Sensei: Termo referente a uma forma honrada de se dirigir a alguém, como em "Usui Sensei". É frequente uma tradução que significa "mestre" ou "doutor", mas o mais adequado é "professor". Uma etiqueta japonesa é que a pessoa nunca deve acrescentar "Sensei" ao seu nome quando se apresenta ou fala de si própria, pois isso é trazido por seus alunos.

Sessão de Reiki (ou: Tratamento de Reiki): Momento de aplicação de Reiki a outra pessoa, por parte de um praticante, com fins terapêuticos.

Shan Ze Nan: Termo referente a um símbolo do sistema Shuey Pura, o qual é para as iniciações.

Shashin Chiryo Ho: Termo japonês que simboliza o método de cura à distância usando uma fotografia. É uma variante do Enkaku Chiryo Ho.

Shihan: Termo japonês que significa "professor" ou "instrutor". Sendo o ideal traduzir como: "perito que ensina através do exemplo". No Reiki Jikiden é utilizado para o grau acima de Shihan Kaku.

Shihan Kaku: Termo japonês que significa "professor assistente" ou "instrutor assistente". No Reiki Jikiden é utilizado para designar o grau acima de Okuden.

Shihan Sensei: Termo japonês variante a referenciar o "shihan".

Shiki: Termo japonês que significa "corrente". Um exemplo de sua utilização é o no Reiki Usui Shiki Ryoho, o "método de cura da corrente Usui".

Shimo Tanden: Termo alternativo para Seika Tanden, o "centro" ou área de energia localizada no imo do hara (barriga/abdómen).

Shinpiden: Termo referente ao terceiro nível de ensino, no sistema fundado por Mikao Usui já era considerado o grau de professor. Em alguns sistemas, o Shinpiden permite ensinar, enquanto outros dividem o Mestrado em duas formações distintas: 3-A, que concede o grau de "Mestre", e 3B, que concede o grau de Professor. Em ambos os casos, o Shinpiden coloca-o de forma mais consciente no exigente caminho da iluminação, pelo que passar para este patamar exige alguma ponderação e preparação. Alguns sistemas acrescentam a capacidade de aplicação a comunidades, pois possuem um quarto símbolo adicionado por Hawayo Takata. Se subdividirmos seu dignificado de acordo com seus kanjis, obtemos respectivamente: *Shin*, *Pi* e *Den*, que simboliza, "Deus", "secreto" e "transmissão", logo é a "transmissão elevada dos ensinamentos secretos".

Shirushi: Termo japonês que significa "símbolo". Diferentemente de um kotodama, que também significa símbolo, ele é aprendido em sigilo, sem cópias, respeitosamente para manter em memória e valorizar o qual sagrado é o shirushi.

SHK: Abreviação para agilizar e facilitar a escrita "Sei Heki".

Shoden: Termo que se refere ao popular nível 1 em algumas versões do sistema de gradação do Reiki. Se subdividirmos seu dignificado de acordo com seus kanjis, obtemos respectivamente: *Sho*, e *Den*, que simboliza, "primeiro(a)" e "transmissão", logo é a "primeira transmissão" ou "despertar". É o primeiro passo do reikiano nas suas atividades, e costuma ser inesquecível, pois traça em alguns casos uma nova perspectiva de vida.

Shu Chu Reiki: Método de tratamento de Reiki muito comum, mas na maioria das vezes é exercido sem o conhecimento desta nomenclatura. Baseia-se em um grupo aplicando Reiki a um único indivíduo, de forma simultânea e coesa. Fundamentalmente sua tradução literal é "Reiki concentrado".

Shudan Reiki: Nomenclatura alternativa para o mesmo processo feito pelo Shu Chu Reiki.

Shuyo Ho: Nome dado a prática em grupo de Hatsurei Ho.

Simbolos de Reiki: Termo que trata do conjunto de quatro ideogramas e respectivos mantras, ou sons, ensinados no segundo e terceiro níveis de ensino do sistema de Reiki Tradicional. Cada símbolo possui uma determinada energia ou vibração, pelo que cada um é usado ou combinado com diferentes propósitos. A história da introdução dos símbolos no Reiki não é totalmente conhecida e está envolta em alguma polémica. Os símbolos de Reiki, também chamados de "shiruishi" e "kanboku" em japonês. São fundamentalmente três, mas além destas bases existem variações para cada sistema de Reiki, levando então a diversas possibilidades de símbolos.

Simbolo Distante (ou: Simbolo da Distância): Em alguns locais, sistemas ou grupos costumam se referir ao simbolo "Hon Sha Ze Sho Nen" desta forma.

Simbolo do Mestre (ou: Simbolo Mestre): Em alguns locais, sistemas ou grupos costumam se referir ao simbolo "Dai Ko Myo" desta forma.

S

Simbolo de Mestre Tibetano: Nomeclatura alternativa para o simbolo Dumo, usado no Reiki Raku Kei e em outros sistemas modernos. Este símbolo é visto como sendo equivalente ao Dai Ko Myo usado nas linhas mais tradicionais de Reiki.

Simbolo Mental/Emocional: Em alguns locais, sistemas ou grupos costumam se referir ao simbolo "Sei Heiki" desta forma.

Simbolo do Poder: Em alguns locais, sistemas ou grupos costumam se referir ao simbolo "Choku Rei" desta forma.

Sintonização: Técnica aplicada por professores de Reiki, qual transmitirá aos seus alunos a capacidade de canalizar a energia por toda a sua vida. Logicamente que este processo possuí suas controvérsias, mas geralmente está a interpretação adotada. As sintonizações são aplicadas em todos os níveis de ensino, com o propósito de conectar os alunos com a energia de cada nível e de fortalecer a sua ligação à mesma. É costumeiro que a mais impactante seja a do primeiro nível. Em alguns locais também se utilizando de um termo como sinônimo, a popular "iniciação", também referida como "aumento de poder".

Sintonização à Distância: Prática de aplicar a Sintonização de Reiki num estudante que não está fisicamente presente no momento. Muitas correntes japonesas de Reiki, como o Gendai, Komyo, Hekikuu não condenam a prática da sintonização à distância (denju) ou reiju distante, mesmo que está técnica não seja tradicional.

Sintonização da Cura: Utiliza-se este termo pois é um processo de sintonização diferenciado, ao contrário de uma normal iniciação de Reiki/sintonização, não desperta a capacidade inata de praticar Reiki. Na verdade, poderia que melhorar o processo de cura.

Sistemas de Reiki: Pode se dizer que são ramos de Reiki criados por seus professores ao longo do tempo, quais incorporaram novas práticas no sistema original de Usui, o Usui Reiki Ryoho. Ao longo do tempo, após a morte de Mikao Usui e da passagem do Reiki para o Ocidente, o método original foi sendo adaptado por alguns professores, dando origem a novos sistemas de Reiki. Os diferentes sistemas apresentam diferenças entre si, mas tendem a manter os princípios e práticas fundamentais.

Sugano, Wasaburo: Foi o tio de Chiyoko Yamaguchi (fundador do sistema de Reiki Jikiden). Wasaburo aprendeu Reiki com Chujiro Hayashi em 1928.

Suzuki, San: Personalidade que segundo algumas fontes afirmam que ela foi prima (ou até sobrinha) de Sadoko Suzuki, esposa de Mikao Usui. Outras ainda dizem que ela é prima de Usui Sensei. Nascida em 1895, Suzuki aparentemente começou seu treinamento com Usui quando tinha 20 anos. O foco dos ensinamentos de Usui, de acordo com Suzuki, estava na autorealização. A capacidade de curar os outros era vista simplesmente como um efeito colateral benéfico de "trabalhar consigo mesmo".

Suzuki, Bizan: O Dr. Bizan foi uma personalidade celebre que escreveu em 1914 um livro intitulado "Kenzon No Gebri", o qual possuí algo muito similar aos cinco princípios do Reiki.

Takata, Alice: Nome de solteira da Alice, filha de Hawayo Takata.

Takata, Hawayo: Nasceu Hawayo Kawamuru em Hanamaulu, Kauai, no Havai. Hawayo Takata estudou Reiki com Chujiro Hayashi entre 1935 e 1938. Hawayo Takata é a pessoa responsável por trazer o Reiki para o Ocidente.

Takata, Saichi: Marido de Hawayo Takata (Falecido em 1930).

Takata Sensei: Significa "professora Takata", é uma forma respeitosa de se referir a Hawayo Takata.

Taketomi, Kanichi (ou: Or Iichi): Foi o terceiro presidente da Usui Reiki Ryoho Gakkai. Nasceu em Tóquio e teve toda sua vida no meio militar, obteve grandes mudanças hierárquicas e foi condecorado com honrarias.

Tanden: Termo em japonês equivalente ao termo chinês: Tan Tien ou "campo do elixir". Enquanto as disciplinas tradicionais japonesas, como marciais, espirituais ou artísticas tendem a falar de um só tanden, localizado dentro da hara (barriga/abdómen), no Japão há também várias disciplinas. Podendo ser de origem chinesa, grandemente influenciadas pela filosofia chinesa Chi Gung, que se referem mais dois tandens além do localizado no hara. Onde um fica no interior do peito aproximadamente ao nível do coração, e o outro no centro da cabeça entre os olhos.

Tanden Chiryo Ho: Técnica equivalente ao Hara Chiryo Ho; Tem a finalidade da desintoxicação do corpo, se semelha muito ao Gedoku Ho.

Te-Ate: Sua significação literal é "tratamento de mãos", é um termo japonês genérico para as modalidades japonesas de colocação de mãos.

Templo Saihoji: Templo Budista Jodo (Terra Pura) em Tokyo. Neste local os restos mortais de Usui Sensei estão guardados na campa do templo. Este também é o local onde se encontra a pedra Memorial de Usui, erguida pelos membros do Usui Reiki Ryoho Gakkai.

T

Te No Hira Ryoji Kenkyu Kai: Nome de uma instituição fundada por Toshihiro Eguchi, que estudou com Usui Sensei. Significa "Sociedade de Investigação da Cura pelas Mãos".

Tera Mai: Sistema de Reiki desenvolvido por Kathleen Milner em 1992 nos Estados Unidos da América. É um procedimento de cura que associa e unifica a energia utilizada por Xamãs havaianos (kahunas) e por eles denominadas "Seichem", com as energias dos quatro elementos (terra, água, fogo e ar). Utiliza-se dos símbolos sagrados do Xamanismo Havaiano que auxiliam a alcançar estas frequências específicas. Tem também uma via que alega forte influência do Seichem que se denomina Tera Mai Seichem, qual a fundadora teria sido ensinada pelo indiano Satya Sai Baba.

Terapeuta Reiki: Personalidade com formação em Reiki que se dedica profissionalmente, ou em regime de voluntariado, à aplicação do Reiki nos outros. Algumas entidades têm vindo a reunir esforços no sentido de profissionalizar e normalizar a atividade dos terapeutas, o que beneficia tanto a prática, na medida em que a protege e aumenta a credibilidade como os clientes. Depende muito de cada lugar, mas geralmente uma instituição associativa determina as diretrizes mínimas de aptidão do terapeuta Reiki.

Terapeuta Mestre de Reiki: Termo usado nos sistemas de Reiki Usui e Tibetano de Reiki para designar uma pessoa que possui o Nível 3a.

Tomita, Kaiji: Um dos alunos de Mikao Usui, aprendeu Reiki por volta de 1925/1926. Após a morte de Usui, Tomita prosseguiu na criação do "Tomita Teate Ryohokai", que significa "Associação Tomita da Cura pelas Mãos". Em 1933/1934 escreveu um livro: "Reiki To Jinjutsu – Tomita Ryu Teate Ryoho" que significa "Trabalho Humanitário & Reiki – Cura pelas Mãos Ryu Tomita".

Troca de Energia: Conceito de que o paciente (ou estudante) deve dar algo ao terapeuta/professor como recompensa pela graça do tratamento (ou sintonização). Como sinal de gratidão, e como tomada de consciência do valor da graça do Reiki, gerando o equilíbrio da troca universal. Pode ser um pagamento em dinheiro ou em géneros. Originalmente, pretendia invocar a emoção de cura Kansha (gratidão) no receptor. Infelizmente, alguns terapeutas de Reiki orientados para o lucro usam-no agora como desculpa para cobrar valores de consulta muito altos.

Tratamento à Distância (ou: Tratamento Remoto): Técnica de envio de Reiki não presencial, através do tempo e do espaço, com recurso aos três símbolos de Reiki. Em japonês, esta técnica designa-se Enkaku Chiryo Ho.

Twan, Wanja: Escritora do livro intitulado "Into the Light of a Distant Star: A spiritual Journey Bringing the Unseen into the Seen". Wanja foi iniciada "mestre" em 12 de outubro de 1979, em Cherryville, Canadá, juntamente com Barbara Brown e Bethal Phaigh.

Uchite Chiryo Ho: Técnica de palpação ou toque semelhante à do Shiatsu. Onde o reikiano faz o toque juntamente com o Reiki.

Um: Esta é uma palavra usada por uns como o jumon (mantra) para o símbolo de "poder" do Reiki.

Ushida, Juzaburo: Foi o segundo presidente da Usui Reiki Ryoho Gakkai. Nasceu em Kyoto e teve toda sua vida no meio militar, na marinha obteve grandes mudanças hierárquicas e foi condecorado com honrarias.

Usui: Este é um termo empregado por muitos japoneses praticantes de shaman para descrever os "pontos fortes", ou seja, os pontos onde o "véu" entre este mundo e o mundo do espírito é atenuado. Logo o termo "usui" significa "fino/estreito". Contudo, no Reiki a terminologia de "usui", embora semelhante, escreve-se com um kanji diferente, pois é o sobrenome de Mikao Usui.

Usui Do: Seu significado literal é "maneira do Usui", pois quando existe a junção "do", representa a vivência do tema tratado. Este termo se refere ao sistema original de desenvolvimento espiritual do Usui Sensei. Também se refere à reconstrução do sistema original, tal como ensinado por Dave King e pelo Usui Do Eidan.

Usui, Fuji: Nasceu em 1908 e faleceu em 1946. foi filho de Usui Sensei.

Usui Kai: Termo moderno mais comum no japão para se referir a Usui Reiki Ryoho Gakkai. Seu significado é "sociedade Usui".

Usui, Kuniji: Um dos dois irmãos de Usui Sensei. Diz-se que Kuniji era policial na prefeitura de Gifu (a zona onde Usui Sensei nasceu).

Usui, Mikao: O fundador do sistema de Reiki Usui, qual deu origem a outros métodos.

Usui Reiki Ryoho: Termo geralmente usado para se referir ao Reiki enquanto evoluiu no Japão. Costuma-se referir como o mais próximo do formato original do Usui Sensei. Sua tradução literal é "método de cura Usui".

U

Uma curiosidade que além de Usui Shiki Ryoho quando fala de Reiki, Hawayo Takata, ocasionalmente, usa o termo Usui Reiki Ryoho.

Usui Reiki Ryoho Gakkai: Sociedade que dizem ser fundada pelo próprio Usui Sensei em 1922, mas geralmente aceita-se que o Gakkai foi efetivamente fundada por Rear Admiral Juusaburo Gyuda (Ushida) e outros estudantes por volta de 1926/1927. Seu significado literal é "Sociedade de Estudo do Método de Cura de Reiki Usui".

Usui, Sadako: Esposa de Mikao Usui.

Usui, Sanai: Um dos dois irmãos de Usui Sensei. Aparentemente, Sanyai era médico, com consultório em Tokyo ou nas proximidades.

Usui Sensei: Este significa literalmente "professor Usui", uma forma respeitosa de se dirigir a Mikao Usui.

Usui Shiki Ryoho: A origem principal do popular Reiki "Ocidental", tal como ensinado por Hawayo Takata, é um sistema dividido em três níveis, usando a afinação que envolve os quatro símbolos de Reiki. Este era o nome dado por Takata em todos os seus ensinos, onde sua tradução literal é "Método de Cura Corrente Usui".

Usui Teate: Termo usado por alguns para se referirem ao Método de Cura de Usui. E asvezes também usado para se referir a ensinos de Chris Marsh e Andy Bowling, como sendo uma expressão de Usui Sensei no seu sistema original de desenvolvimento espiritual. O termo significa "Tratamento Usui pelas Mãos".

Usui, Toshiko: Nascida em 1913, era filha de Mikao Usui. Acabou vindo a falecer em 1935.

Usui, Tsuro: Irmã mais velha de Usui Sensei.

Valley Reiki: Programa de bem-estar que está situado em uma bela área de Western Catskills, em um vale tranquilo nos arredores de Hobart e Stamford, Nova York. O programa oferece sessões de cura de cristal de Reiki Usui e Karuna, além de aulas de Reiki Usui.

Vajra Reiki: Termo referente a um sistema de Reiki, qual é originário do Japão e foi amplamente disseminado na Indonésia. Em seus conteúdos adiciona símbolos aos tradicionais do sistema de Reiki tradicional. Sua terminologia deriva de que a "vajra" é uma palavra em sânscrito, qual significa literalmente "raio, diamante, indestrutível". Logo "vajra" representa força e carrega o poder do Trovão.

Vinte e Um Dias: Processo que ocorre como parte de cursos de Reiki, enquanto muitas pessoas podem experienciar uma "crise de cura" em resposta ao tratamento de Reiki que estão recebendo. Alguns acreditam que este "período de ajustamento" dura cerca de 21 dias (simbolicamente representativos do período de austeridade de 21 dias vivido por Usui no Monte Kurama), momento que encorajada os alunos a praticar o Reiki em si próprios tantas vezes quanto possível durante estes dias. É óbvio que existem mudanças significativas de acordo com cada sistema e professor que ministra o curso, mas geralmente segue uma regularidade significativa.

Waka: Termo que se refere a poemas curtos, que tem linhas contendo um número fixo de sílabas. O Gyosei do Imperador Meiji está escrito na forma waka. Seu significado literal é "poema" ou "canção japonesa". Uma curiosidade é que o Zen haiku está escrito também na forma waka.

Wanami, Hoichi (ou: Toyokazu): Foi o quinto presidente da Usui Reiki Ryoho Gakkai. Nasceu na prefeitura de Mie e teve toda sua vida no meio militar, na marinha obteve grandes mudanças hierárquicas e foi condecorado com honrarias.

Watanabe, Yoshiharu (ou: Yoshiji): Foi o quarto presidente da Usui Reiki Ryoho Gakkai. Teve toda sua vida no meio pedagógico, onde foi professor.

Weber, Barbara: Profissionalmente graduada com PhD em Humanidades, acabou mudando seu sobrenome para Ray. Ela criou um sistema de Reiki que tem 7 níveis e é chamada de "Técnica Radiance". Ela afirma que Hawayo Takata secretamente iniciou ela (e nenhum dos outros 21 mestres) nos sete níveis do Sistema de Reiki antes de fazer sua transição. Mas ao mesmo tempo na 1ª Edição de seu livro que só existem três níveis do sistema Reiki. Sua formação em Reiki foi de 1978 a 1979. Ela fundou a American Reiki Association em 1980. Mais tarde (entre 1982-1983), o nome foi mudado para a American International Reiki Association (AIRA). Agora aquela organização é chamada de técnica Radiance International Association (TRTIA). Ela também escreveu vários livros sobre Reiki, um intitulado ¨O Fator de Reiki¨ (mais tarde, o título também foi alterado para ¨O Fator de Reiki na Técnica Radiance¨).

Western Reiki: Termo em inglês que se refere ao Reiki tal como ensinado no Ocidente por Hawayo Takata, ou seja, o Usui Shiki Ryoho. Como consequência os sistemas derivados deste também são referidos como ocidentais.

Yagyu Ryu: Nome de uma escola de artes marciais, as populares Bujutsu. Pelo que se sabe Mikao Usui alcançou o grau mais elevado de Menkyo Kaiden em Yagyu Ryu, e focou na arte de Kenjutsu (espadas swordmanship) e de Ju-jutsu (combate sem armas). Esta foi fundada por Yagyu Muneyoshi Tajima no Kami, que viveu de 1527 a 1606.

Yamaguchi, Chiyoko: Fundadora do Jikiden Reiki, desenvolveu este método buscando as origens do Reiki, muitas adquiridas com seu professor Hayashi. O Sr. Yamaguchi nasceu em 1921 e veio falecer no dia 12 de agosto de 2003.

Yan Shin: Termo que se refere a um símbolo do sistema Shuey Pura, o qual é para uso em desobsessão espiritual.

Zenshin Koketsu Ho: Nomenclatura de uma técnica de limpeza do sangue em todo o corpo. É uma versão alternativa de Ketsueki Kokan Ho

Zuiun: Segundo relatos, anteriormente a Usui Ryoho Gakkai não possuía nomes para os seus símbolos de Reiki, eram designados apenas por simbolo 1, simbolo 2 e símbolo 3. Mas agora o fato é que podem sempre ter tido um nome. Supostamente, usam o termo Zuiun para o símbolo conhecido como Choku Rei. Este uso do Zuiun foi adaptado por algumas escolas de Reiki. Seu significado literal é "nuvem auspiciosa", ou seja, um presságio de boa sorte.

REFERÊNCIAS BIBLIOGRÁFICAS

PETTER, Frank Arjava. **Isto é Reiki**. Editora Pensamento, 2013.

QUEST, Penelope. ROBERTS, Kathy. **Reiki Collection**. 2012.

PETTER, Frank Arjava. **O Grande Livro dos Símbolos do Reiki**. Editora Pensamento, 2013.

MAGALHÃES, João. **O Grande Livro do Reiki**. Editora Nascente, 2015.

DOI, Hiroshi – **Ivanishino Gendai Reiki Ho – Método Moderno de Reiki para a Cura.** Buenos Aires, 2002.

TEAM, Reiki. **Glossário de Reiki Mínimo**. 2010.

TEIXEIRA F. N. B. **Imposição de mãos: um estudo de religiões compradas.** 2009. 97f. Dissertação (Mestrado em Ciências da Religião) – Universidade Católica de Pernambuco, Recife, 2009.

PARK, J. McCaffrey R. Dunn D. Goodman R. **Managing osteoarthritis: comparisons of chair yoga, Reiki, and education (pilot study).** Holistic Nursing Practive. 2011.

BRENNA, B. A. **Mãos de Luz: um guia para a cura através do campo de energia humana.** São Paulo: Pensamento, 2006.

DÍAZ, Rodrigues. et. al. **Uma sessão de Reiki em enfermeiras diagnosticadas com síndrome de Burnout tem efeitos benéficos sobre a concentração de IgA salivar e a pressão arterial.** Revista Latino-Americana de Enfermagem, Ribeirão Preto, v. 19, n. 5, p. 1132-1138, set./out. 2011.

KLATT, Lindner. **O Reiki e a medicina tradicional.** São Paulo: Pensamento, 2009. 181p.

OLIVEIRA R. M. J. **Avaliação de efeitos da prática de impostação de mãos sobre os sistemas hematológico e imunológico de camundongos machos.** 2003. 96f. Dissertação (Mestrado em Ciências) – Faculdade de Medicina, Universidade de São Paulo, São Paulo, 2003.

BABENKO, P. C. **Reiki: um estudo localizado sobre terapias, ideologia e estilo de vida.** 2004. 125f. Dissertação (Mestrado em Ciências Sociais) – Universidade Federal de São Carlos, São Carlos, 2004.

DE' CARLI, Johnny. Reiki - **Os Poemas Recomendados por Mikao Usui -** 1. ed. rev. e ampl. Editora Dinalivro.
DE' CARLI, Johnny. **REIKI: Sistema Tradicional Japonês -** 1. ed. rev. e ampl. Editora Dinalivro.

MAGALHÃES, João. **Reiki – Guia Para Uma Vida Feliz**. Editora Nascente.

MILES, Pamela. **Reiki: A Comprehensive Guide**.

PETTER, Frank Arjava – **O Fogo do Reiki: Novas informações sobre as origens do Reiki – Manual Completo**. Editora Pensamento.

RAMOS, Sandra e Jorge - **Reiki Raízes Japonesas** – Ed Dina livro- Portugal 2005.

USUI, Mikao. F.A. Petter. – **Manual de Reiki do Dr. Usui** - Pensamento Cultrix S.P. 2001.

ASSOCIAÇÃO PORTUGUESA DE REIKI. **Glossário de Termos.** 2018.

TIBANA, P. et TIBANA, R. **Entrevista sobre traduções de palavras japonesas e sobre a Era Meiji**, 2006.

YOSHIOKA, H. **Entrevista sobre a história do Japão**, 2006.

ROGUE, Ihiago. **REIKl**, Revista Nove Astral. Ano 2. No 2. s.d.

STEIN, Diane. **REIKI ESSENCIAL: Manual Completo sobre uma antiga arte de cura.** Editora Pensamento Culírix: São Paulo. 1995.

QUEST, Penelope. **Reiki para a Vida**. Portugal.

DEACON, James. **Glossário de termos relacionados com o Reiki.** 2007.

ARAÚJO, Cícero Ribeiro. **Reiki como forma terapêutica, a arte de cura através das mãos Monografia** - Curso de Pós-Graduação em Terapia Transpessoal. INCISA: Salvador, 2009.

BORÀNG. Kajsa Krishini. **FUNDAMENTOS DO REIKI**. Editora Avatar: São Paulo, 1998.

SOBRE O LIVRO
Tiragem: 1000.
Formato: 16 cm x 23 cm
Tipologia: Adobe Garamond Pro 10 | 11 | 12 | 22 | 58
Kashima Brush Demo 28 | 90 | 110
Papyrus 16
Myriad Pro 16

137

www.ingramcontent.com/pod-product-compliance
Lightning Source LLC
Chambersburg PA
CBHW051454130726
47987CB00005B/2312